TEMPO E CANTO LITÚRGICOS

Coleção Tabor

Encontro com Deus na liturgia – Valeriano Santos Costa

Modelos bíblicos de oração – Jordi Latorre

O ciclo da Páscoa: celebrando a redenção do Senhor – Pe. Bruno Carneiro Lira

O ciclo do Natal: celebrando a encarnação do Senhor – Pe. Bruno Carneiro Lira

Tempo e canto litúrgicos – Bruno Carneiro Lira

Tríduo pascal: espiritualidade e preparação orante – Antonio Francisco Lelo

Vida cristã: a existência no amor – Valeriano Santos Costa

Pe. Bruno Carneiro Lira, osb

TEMPO E CANTO LITÚRGICOS

Dados Internacionais de Catalogação na Publicação (CIP)
(Câmara Brasileira do Livro, SP, Brasil)

Lira, Bruno Carneiro
    Tempo e canto litúrgicos / Bruno Carneiro Lira. – São
Paulo : Paulinas, 2008. – (Coleção tabor)

    ISBN 978-85-356-2270-6

    1. Ano litúrgico   2. Cantos sacros   3. Celebrações
litúrgicas   4. Igreja Católica - Liturgia   5. Ritos e cerimônias   I. Título.   II. Série.

08-03446   CDD-264.02

Índice para catálogo sistemático:
1. Liturgia : Cerimônias e ritos : Igreja Católica : Cristianismo   264.02

4ª edição – 2017

Direção-geral: *Flávia Reginatto*

Editores responsáveis: *Vera Ivanise Bombonatto e Antonio Francisco Lelo*

Copidesque: *Anoar Jarbas Provenzi*

Coordenação de revisão: *Marina Mendonça*

Revisão: *Ruth Mitzuie Kluska e Ana Cecilia Mari*

Direção de arte: *Irma Cipriani*

Gerente de produção: *Felício Calegaro Neto*

Capa e diagramação: *Manuel Rebelato Miramontes*

*Nenhuma parte desta obra pode ser reproduzida ou transmitida por
qualquer forma e/ou quaisquer meios (eletrônico ou mecânico, incluindo
fotocópia e gravação) ou arquivada em qualquer sistema ou banco
de dados sem permissão escrita da Editora. Direitos reservados.*

Paulinas
Rua Dona Inácia Uchoa, 62
04110-020 – São Paulo – SP (Brasil)
Tel.: (11) 2125-3500
http://www.paulinas.org.br
editora@paulinas.com.br
Telemarketing e SAC: 0800-7010081
© Pia Sociedade Filhas de São Paulo – São Paulo, 2008

Dedicatória

A todos aqueles que foram meus alunos de liturgia
e que hoje são sacerdotes do Senhor,
religiosos ou leigos engajados
na preparação de celebrações litúrgicas mais autênticas,
que levem os fiéis a uma real participação.

Agradecimentos

Em especial a Dom Luiz Carlos Barbosa, osb.

A Susy Souza, Antônio Pereira e Luiz Carlos da Silva, como também aos professores da EJA e aos meus estagiários Poliana Freire, Marcelo José e Sthefhanes, todos do SESC – PE.

Apresentação

O Povo de Deus, a assembléia dos redimidos pela cruz de Nosso Senhor Jesus Cristo, exerce seu pleno sacerdócio quando, em comunidade, celebra o Deus da vida, prestando à Santíssima Trindade o mais sublime sacrifício de louvor que ressoa de nossos lábios e provém de um coração que ama e que tem consciência da obra salvífica operada dentro de si. Foi com base nessa premissa que pensamos em elaborar esta obra.

Sabemos que a efetiva comunicação, hoje, faz-se necessária em todos os contextos sociais, pois qualquer ruído que possa interferir na compreensão dos receptores trunca a mensagem, tornando-a no mínimo ambígua.

Na liturgia podemos aplicar o mesmo esquema do teórico Jakobson, que apresenta os seguintes elementos como constituintes da comunicação: emissor, receptor, mensagem, canal (ou veículo) e código. Ruídos como barulho, texto mal escrito, liturgia desconexa com a realidade e malfeita não levam o fiel celebrante a uma comunicação autêntica com o divino e, muito menos, com os outros que celebram com ele.

É nesse cruzamento teológico-litúrgico com a realidade celebrativa que apresentamos a presente obra, tendo a intenção de tornar Cristo mais amado, mais bem celebrado. Quando o povo sabe o que está fazendo, dando o verdadeiro sentido aos ritos e símbolos, celebra com maior empenho. Conseqüentemente, realizam-se as duas dimensões da liturgia propostas pela Igreja: *a ascendente* (o perfeito e consciente louvor que se presta à divindade) e *a descendente* (a total santificação do ser humano realizada por Deus em resposta ao verdadeiro louvor que parte de nossos lábios). Por isso, muito bem nos lembrou o Servo de Deus, Papa Paulo VI, na Constituição *Laudis Canticum*, de 1º de novembro de 1970, que introduz a *Liturgia das Horas* renovada pelo Concílio Vaticano II: "O cântico de louvor, que ressoa eternamente nas moradas celestes, e que Jesus Cristo, Sumo Sacerdote, introduziu nesta terra de exílio, foi sempre repetido pela Igreja, durante tantos séculos, constante e fielmente, na maravilhosa variedade das formas". Sendo assim, ao prestar a Deus nosso louvor, estamos nos unindo à liturgia e à constante intercessão da Igreja triunfante, e, através de uma ação litúrgica bem preparada, celebrada e participada com consciência e piedade, tornamo-nos mais santos.

Introdução

Esta obra tem como finalidade principal apresentar ao Povo de Deus, que celebra a liturgia latino-romana, o mistério de Cristo que se desenrola ao longo do Ano Litúrgico, a fim de que todos possam tanto ter um maior entendimento do que está sendo celebrado como tirar da própria fonte litúrgica elementos que lhe sirvam para um maior contato com o divino, realizando assim o processo de santidade em seu coração ao longo de cada celebração.

A encíclica *Mediator Dei* (1947), do Papa Pio XII, menciona a importância da interiorização do culto. Ela lembra que, nas Sagradas Escrituras, tanto os profetas do Antigo Testamento como o próprio Jesus Cristo evocaram essa necessidade de disposição interior que cada indivíduo deve ter ao prestar culto de louvor à Santíssima Trindade. Toda a liturgia da Igreja está voltada: para o *Pai*, que é bendito e adorado; para o *Filho*, que por seu mistério pascal nos redimiu e encontra-se presente sacramentalmente em sua Igreja até sua volta; e para o *Espírito Santo*, que prepara interiormente a assembléia litúrgica para seu encontro com o Cristo, recordando e manifestando tudo que ele fez, ou seja, tornando-o presente na obra salvífica do mundo.

O rito por si só não nos eleva a Deus. É preciso que ele seja interiorizado e conduza cada fiel a uma autêntica conversão. Por isso, na liturgia, tudo o que é apresentado exteriormente (símbolos, sinais: gestos, cantos, flores etc.) deve ser motivação para nossa introspecção. Quanto à interiorização do culto, ainda podemos citar o Santo Padre Bento XVI: "A grande tradição litúrgica da Igreja ensina-nos que é necessário, para uma frutuosa participação, esforçar-se por corresponder pessoalmente ao mistério que é celebrado, através do oferecimento a Deus da própria vida em união com o sacrifício de Cristo pela salvação do mundo inteiro. Por esse motivo o Sínodo dos Bispos recomendou que se fomentasse, nos fiéis, profunda concordância das disposições interiores com os gestos e palavras; se ela faltasse, as nossas celebrações, por muito animadas que fossem, arriscar-se-iam a cair no ritualismo".[1]

Quarenta anos depois da promulgação da Constituição do Concílio Vaticano II, que propôs a reforma litúrgica (*Sacrosanctum Concilium*), a CNBB lançou dentro de sua coleção Estudos da CNBB o número 87, intitulado: *A Sagrada Liturgia; quarenta anos depois*. Nesse documento, Frei José Ariovaldo da Silva, ofm, mostra de modo muito claro como essa reforma aconteceu aqui no Brasil. Após apresentar as dificuldades que têm por base sobretudo a falta de especialistas para que se fizesse a correta interpretação da *Sacrosanctum Concilium*, o texto mostra a dicotomia entre, de um lado, os tradicionalistas reacionários e, do outro, os afoitos e apressados que, não entendendo a proposta conciliar, fizeram desmandos, sobretudo com relação ao espaço litúrgico. Segundo Frei Ariovaldo, a década de 1980 deu bons frutos com relação à renovação da liturgia no Brasil, sobretudo graças aos encontros nacionais de liturgia promovidos pela Linha 4 (de liturgia) da CNBB, aos encontros nacionais de professores de liturgia e ao surgimento da Faculdade de Teologia Nossa Senhora da Assunção (São Paulo), mais especificamente seu curso de pós-graduação em liturgia. Para Frei Ariovaldo, é preciso resgatar e garantir o essencial da liturgia, tão querida pela *Sacrosanctum Concilium* e pelas comunidades cristãs das origens. Aliás, esse foi o desejo do Concílio Vaticano II, cuja intenção era retornar às fontes, segundo o estilo de vida dos primeiros cristãos, adaptando os ritos às diversas culturas, sem perder sua essência e universalidade.

Frei Faustino Paludo, ofmcap., em seu texto "O povo celebrante: o sujeito da celebração", inserido nesse mesmo número da CNBB, apresenta de modo muito elucidativo a função da assembléia celebrante como um povo sacerdotal (cf. 1Pd 2,9): "Assim, o povo é convocado e congregado para a escuta da Palavra e a aliança com o Senhor (cf. Dt 4,10; 10,4-9; Ex 19–24). A resposta ao convite de Deus, que se traduz em adesão e participação, constitui a assembléia do povo sacerdotal.

---

[1] BENTO XVI. Exortação Apostólica Pós-Sinodal *Sacramentum Caritatis*. São Paulo, Paulinas, 2007. n. 64.

Jesus Cristo, o sumo sacerdote, reúne seu povo, a quem, pelo Batismo, torna apto a participar de seu sacerdócio. 'Fez do novo povo um reino de sacerdotes para Deus, seu Pai' (cf. Ap 1,6; 5,9-10). Aos fiéis, que Cristo une inteiramente à sua vida e missão, dá-lhes também parte de seu múnus sacerdotal, com vista a exercerem um culto espiritual, para a glória de Deus e a salvação dos homens (cf. LG 31 e 34). 'Assim, todos os discípulos de Cristo, perseverando juntos na oração e no louvor a Deus (cf. At 2,42-47), ofereçam-se a si mesmos como hóstia viva, santa, agradável a Deus' (Rm 12,1; LG 10; cf. LG 11). É na assembléia cristã, como ação de celebrar, que se manifesta e se realiza o caráter sacerdotal de todo o Povo de Deus, que se oferece e rende graças ao Pai (cf. SC 48 e LG 10) por meio de Cristo no Espírito Santo".

O relatório do Seminário Nacional sobre a Constituição *Sacrosanctum Concilium* e sobre a Sagrada Liturgia, realizado em São Paulo de 10 a 13 de março de 2003, enumera alguns avanços da liturgia no Brasil promovidos pela CNBB. Quanto à pastoral litúrgica, destacamos:

• a consciência entre os presbíteros e as equipes de liturgia de que o mistério pascal de Cristo é o centro de todas as celebrações;

• a atuação das equipes regionais de liturgia contribuindo para a formação litúrgica dos agentes de pastoral e do clero;

• o dinamismo das equipes diocesanas sempre sob a orientação e o acompanhamento de seus bispos;

• os serviços das equipes paroquiais de liturgia articulados com as demais pastorais;

• as diretrizes sobre a pastoral litúrgica aprovadas pelas assembléias da CNBB;

• e a publicação da *Sacrosanctum Concilium* numa versão mais popular e didática.

No que diz respeito à formação litúrgica, destacamos:

• as formações oferecidas pelas pastorais diocesanas sob a responsabilidade de seus bispos, legítimos sucessores dos apóstolos e sempre em comunhão com a Sé de Pedro;

- as semanas nacionais de liturgia com a participação de representantes de todo o Brasil;

- a organização da Associação dos Liturgistas do Brasil (ASLI), congregando professores e pesquisadores da ciência litúrgica;

- a publicação da *Revista de Liturgia*, das irmãs Pias Discípulas do Divino Mestre, contendo bons artigos de autores de renome e em plena consonância com a tradição e o magistério da Igreja.

Quanto à inculturação podemos citar:

- as celebrações litúrgicas de pequenas comunidades, valorizando os vários ministérios;

- a multiplicação da celebração da Palavra sem a presença do presbítero, recuperando o sentido pascal do domingo, promovendo criatividade e inculturação no espaço litúrgico;

- a introdução de novos instrumentos musicais, valorizando a cultura popular, mesmo sabendo que o órgão ainda continua sendo o instrumento litúrgico por excelência na celebração da liturgia romana, conforme documentos emitidos pela Sagrada Congregação para o Culto Divino e a Disciplina dos Sacramentos;

- o *Hinário Litúrgico* da CNBB, que ajuda as comunidades a cantar a liturgia a partir de um repertório variado e fiel à tradição litúrgica, incentivando a celebração inculturada do mistério pascal de Cristo;

- a celebração do Ofício Divino das Comunidades como uma inculturação brasileira da *Liturgia das Horas*, valorizando a história e a caminhada do Povo de Deus com a presença de símbolos litúrgicos ligados às lutas, conquistas e piedade popular;

- a experiência das celebrações ecumênicas;

- a experiência ativa das mulheres na organização e animação das celebrações;

- a linguagem ritual mais adaptada ao povo;

- a realização de seminários nacionais sobre inculturação da liturgia entre afrodescendentes, povos indígenas e nos meios urbanos, aprofundando, desse modo, o processo de inculturação da liturgia no Brasil e realizando de maneira plena e fiel as prescrições do rito romano.

Retornando à reflexão sobre a assembléia celebrante como um povo sacerdotal, vemos, a partir da reflexão dos avanços da liturgia no Brasil, que se comprova a importância da participação ativa, consciente e devota dos fiéis em todas as celebrações litúrgicas. Portanto, todos, presidente e povo, são participantes e compartilham do mesmo múnus sacerdotal de Cristo — cada um exercendo suas próprias funções naquilo que lhe compete segundo a natureza da ação e as normas da liturgia — na celebração cujo grande celebrante é o próprio Senhor Ressuscitado.

Foi para favorecer o aspecto de povo sacerdotal, de assembléia ativa e celebrante, que escrevemos este livro, pois como os fiéis podem participar se não sabem o que está se passando em cada momento litúrgico em seus vários aspectos (teológico, bíblico, pastoral e ritual)?

Para tanto, dividimos a obra em três capítulos, com suas respectivas subdivisões. O primeiro faz uma reflexão geral sobre o sentido da liturgia e dos ritos, levando em conta os fatores de sua evolução, a realidade cósmica, como também as influências das festas judaicas na formação de nosso Ano Litúrgico.

Já o segundo capítulo trata da celebração do Ano Litúrgico latino-romano em todas as suas fases e contextos (ciclo do Natal, ciclo da Páscoa, Tempo Comum e *Santoral*), e como devem ser celebradas as solenidades, festas e memórias, tanto na Celebração Eucarística como na *Liturgia das Horas*. Para que os conceitos fiquem bem claros, faz também uma reflexão sobre o que é e o que não é Ano Litúrgico.

O terceiro capítulo versa sobre o canto nas celebrações, considerando as escolhas, tanto para a Celebração Eucarística como para a *Liturgia das Horas*, e a importância do canto gregoriano, o qual se apresenta como um tesouro da tradição, que, sendo bem interpretado e traduzido para os fiéis, constitui também fonte de interiorização do culto.

Desse modo, pensamos ter abrangido todos os aspectos mais marcantes do Ano Litúrgico e favorecido uma autêntica participação, no culto divino, àqueles que foram redimidos pela cruz de Nosso Senhor Jesus Cristo e por isso já constituídos como povo sacerdotal (cf. 1Pd 2,9).

A Liturgia

Em nossos dias fala-se muito sobre liturgia: preparar a liturgia, ser responsável pela liturgia, Liturgia da Palavra, Liturgia Eucarística... Mas será que entendemos mesmo o que quer dizer liturgia? Talvez seja bom saber que se trata de uma palavra grega que, em sua origem, não tinha nenhum sentido religioso; significava um serviço público (ou do povo) que alguém assumia livremente ou devido a uma obrigação decorrente de sua situação social ou econômica. Posteriormente, essa palavra adquiriu um sentido religioso e passou a significar o serviço cultual a Deus.

A palavra "liturgia", no sentido de culto da comunidade cristã, só aparece uma vez no Novo Testamento, em At 13,2: "Enquanto celebravam o culto do Senhor" (antes da primeira viagem de Barnabé e Paulo).

O documento da Conferência Geral do Episcopado Latino-Americano produzido em *Puebla* diz, nos números 918 e 939, que a liturgia é uma ação de Cristo e da Igreja; é o exercício do sacerdócio de Cristo, sendo o ponto mais elevado e fonte de vida da Igreja; encontro de Deus com os irmãos; banquete e sacrifício realizado na Eucaristia; festa de comunhão eclesial, e que nessa festa o Senhor Jesus, por seu mistério pascal, assume e liberta o Povo de Deus, transformando a história da humanidade em História da Salvação, para reconciliar os homens entre si e com Deus.

No número 920, *Puebla* diz que o homem é um ser sacramental, ou seja, que no plano religioso expressa suas relações com Deus através de um conjunto de sinais e símbolos.

Apoiados na lingüística de Saussure, sabemos que o sinal ou signo deverá possuir um significante (elemento material ou acústico, a representação da coisa) e um significado (a possibilidade oferecida ao receptor ou destinatário de perceber o sentido daquilo que é representado pelo significante). Portanto, no sinal, o importante é aquilo que está por trás, o que representa, o que deseja comunicar; no sinal, o significante nos leva a um significado determinado. Já no *símbolo*, o significante nos leva a outro significante (por exemplo: o pão é símbolo de "alimento da vida": alimento que é o Corpo do Senhor, alimento da partilha e da fraternidade, força para a vida eterna; portanto, um significante levado a outros significantes). A liturgia é tanto um sinal, porque nos leva a um significado bem determinado – Deus Pai –, quanto um símbolo, uma vez que todos os seus significantes levam-nos, direta ou indiretamente, ao significante por excelência – Cristo, "imagem do Deus invisível" (Cl 1,15).

Um outro elemento importante, que não devemos esquecer, é que a liturgia é celebrada em uma realidade concreta: na América Latina, no Brasil, na metrópole, na zona rural etc. Por isso, deve-se ter o cuidado, ao preparar as celebrações litúrgicas, de observar a seguinte regra: sem obscurecer a beleza do rito latino-romano em suas partes essenciais, realizá-lo, plenamente, e com humildade, na linguagem adequada à assembléia celebrante, mas sem exageros e evitando as adaptações inconsistentes, muitas vezes fruto do subjetivismo, que só empobrecem a ação de Cristo, pois sabemos que é ele quem preside todas as celebrações litúrgicas. Sendo assim, ninguém, por si só, tem o direito de mudar ou substituir o que se encontra nas normas litúrgicas aprovadas pela Igreja. Nosso povo, mesmo o mais simples, entende tudo o que aparece nos ritos, desde que estes últimos sejam bem explicados, com adequação lingüística e suficiente interpretação segundo as várias realidades celebrativas.

Assim, são gestos fundamentais da assembléia encontrar-se em comunhão fraterna, cantar, falar, proclamar, aclamar, responder, salmodiar, escutar, ficar de pé, sentada ou de joelhos, inclinar-se, prostrar-se, fazer procissões etc. Tudo fala e deve elevar o espírito para a interiorização e conseqüente conversão.

O *silêncio* é de suma importância na liturgia, pois serve para interiorizar a mensagem (cf. Lc 2,19.51). No momento em que se ouve, com o coração, a verdadeira comunicação se fortifica. O *canto* cria clima de festa, exprime a comunhão e favorece a oração. Já a *palavra* tem, como primeira função na assembléia litúrgica, reunir, congregar, convocar à conversão, tendo, ainda, outras funções na liturgia: acolher, saudar, admoestar, convidar, informar, rezar, ler (narrando, descrevendo, interpretando), proclamar, aclamar, cantar etc.

Os ritos litúrgicos comportam palavras e gestos, muitas vezes realizados com o auxílio de coisas (objetos sagrados) e dentro de um espaço e tempo bem determinados. Tudo se apresenta como simbólico nas celebrações litúrgicas, já que o invisível busca tornar-se visível por meio do visível.

O motivo da liturgia é, portanto, celebrar (atualizar) o mistério de Cristo na criação, na encarnação e na redenção. Celebrando o mistério pascal, acontecem em nós a plena redenção humana e a perfeita glorificação de Deus (movimento descendente e ascendente da liturgia).

a) Fatores de evolução da liturgia

A liturgia evoluiu e, ainda, poderá evoluir, a partir de três fatores: a lei do desenvolvimento da Igreja, a influência de Igreja para Igreja e as influências externas.

A lei do desenvolvimento da Igreja

No que concerne à lei do desenvolvimento da Igreja, destacamos:

- a *doutrina*, que se tornou mais precisa;

- o *aperfeiçoamento* da organização jurídica dos ritos;

- uma *maior clareza* na expressão do conteúdo essencial dos mistérios na liturgia e certa evolução no que diz respeito ao Ano Litúrgico, na qual se enfatizou o domingo como sendo a Páscoa semanal;

- e a Páscoa anual como acontecimento central.

Com relação ao sacramento do Batismo, sobretudo ministrado na noite santa da Páscoa, além da forma (invocação trinitária) e da matéria (água), acrescentaram-se os interrogatórios, mais orações e as leituras. Essa evolução ritual ocorre devido à mudança cultural e dos valores ascendentes conforme as determinadas épocas.

A influência de Igreja para Igreja

Quanto aos aspectos de influência de Igreja para Igreja, a liturgia evoluiu no que diz respeito a duas celebrações do Senhor: o Natal, que nasceu em Roma e em seguida emigrou para outras Igrejas e ritos; e a Festa da Apresentação do Senhor (2 de fevereiro), que a Igreja romana herdou do rito oriental (como a Solenidade da Epifania do Senhor).

As influências externas

No que se refere às influências externas propriamente ditas, a evolução litúrgica ocorreu por influência do judaísmo (como o rito de unção nas ordenações [cf. Ex 29,12-18]) e por influência do paganismo (como o uso do incenso e do sal, e a cristianização de festas pagãs, como aconteceu com a Solenidade do Natal; cf. próximo capítulo, seção *O ciclo do Natal*).

Ao chegar a culturas longínquas e diferentes das ocidentais, o cristianismo foi se deparando com vários costumes e novas formas de celebrar, dando origem a uma série de ritos que permanecem até hoje e que também influenciaram na formação de nossa liturgia latino-romana.

Provenientes de dois patriarcados (Antioquia e Alexandria), os ritos orientais se dividem em dois grandes grupos: grupo antioqueno e grupo alexandrino, com suas respectivas subdivisões. No grupo antioqueno encontramos o tipo sírio-ocidental (rito sírio de Antioquia, maronita, bizantino e armênio) e o tipo sírio-oriental (rito nestoriano, caldaico e malabar). Já no grupo alexandrino têm-se apenas o rito copta e o etíope.

No Ocidente destacam-se quatro ritos: o latino-romano (seguido pela maioria dos cristãos católicos), o ambrosiano ou milanês, o moçárabe ou visigótico e a liturgia da Gália.

Toda essa riqueza ritual influenciou na formação da liturgia romana. Mas esta última também ditou normas para os outros. Vale lembrar que todos esses ritos, ainda hoje, são celebrados e que, em sua grande maioria, estão em comunhão com a Sé de Pedro.

b) O tempo cósmico

Ao estudarmos liturgia, não podemos deixar de refletir sobre a realidade cósmico-temporal, já que Deus, embora independa do tempo, manifesta-se dentro dele para nós. Cada manifestação divina na cronologia de nossos dias torna-se um *kairós*, ou seja, um tempo divino, um momento de salvação no tempo humano.

Esse tempo cósmico é caracterizado pela sucessão dos dias e das noites, das estações que produzem o ciclo de doze meses (o ano), as fases da lua, os eclipses, o equinócio solar. Esse mesmo tempo, em uma perspectiva salvífica, está presente no Antigo e Novo Testamento. No Antigo Testamento, o *dia* iniciava e terminava com sacrifícios. De manhã era marcado pelo holocausto e à tarde pela oblação (salmodia diária com incenso — cf. Ex 30,7-9). Já a *semana* era caracterizada pelo sábado, o repouso de Deus, dia de assembléia litúrgica (cf. Ex 23,10-12; Lv 23,3-4; 25,2-7). Com relação ao *mês* encontramos um rito mensal marcado pela lua nova e pela lua cheia. Lembremo-nos do Salmo 81(80),4: "Na lua nova soai a trombeta, na lua cheia na festa solene". Essa festa solene faz, com toda a certeza, uma alusão à Páscoa, que ainda hoje é marcada pela primeira lua cheia da primavera do hemisfério norte. A realidade do *ano* também aparece com relação às estações e ao ano jubilar. A festa dos ázimos era celebrada na primavera e correspondia à Páscoa judaica (cf. Ex 12); a festa da ceifa, ocorrida no verão (cf. Ex 34,22), cinqüenta dias após a Páscoa, uma menção clara à Solenidade do Pentecostes cristão; e, ainda, a festa da colheita, também chamada festa das tendas ou dos tabernáculos, que faz memória do Povo de Deus enquanto permaneceu no deserto, morando em tendas, como nômades, rumo à Terra Prometida.

Já no Novo Testamento, o tempo se torna santificado pela presença do Redentor em nossa história: "Na plenitude dos tempos" (Gl 4,4; Ef 1,10). O evangelista Lucas aponta para um "Ano da Graça" (Lc 4,19), um hoje salvífico.

Como vemos, há grande influência cósmica na formulação de nosso Ano Litúrgico proveniente do mundo judaico. Sem esquecer a perspectiva do tempo linear dos judeus e a circular dos gregos, podemos dizer que no Ano Litúrgico essas duas concepções se unem na forma geométrica de uma espiral. Enquanto as várias celebrações litúrgicas nos impulsionam para o fim último da eternidade em Deus, as mesmas solenidades e festas vão retornando, a cada ano, mas de maneira nova. Isso porque não somos os mesmos, estamos mais convertidos e mais trabalhados pelo Espírito Santo, o qual faz com que as festividades sejam irrepetíveis.

c) A influência das festas judaicas

A grande influência da liturgia judaica em nossas celebrações cristãs provém, em primeiro lugar, dos tipos de sacrifícios existentes no Antigo Testamento. Eram de três tipos: o *holocausto*, em que a vítima era totalmente queimada, excetuando a pele (cf. Jz 6,21; 11,31; 13,19; Lv 7,8); o *banquete sagrado*, pacífico ou de comunhão, que consistia em um tipo de sacrifício para firmar a aliança de Deus com seu povo (cf. Dt 12,18; 14,26; Ex 24,4-11); e, finalmente, o *sacrifício de expiação*, utilizado para o perdão dos pecados e realizado à base de sangue, podendo comportar também o holocausto (cf. Lv 4,4-12; 17,11; Is 43,24-25) (uma espiritualização do sacrifício).

Com o decorrer do tempo e a passagem da vida nômade para a sedentária e agrícola, esse tipo de liturgia deu lugar ao oferecimento dos frutos da terra. O local deixou de ser a tenda de reunião e passou para o templo; o oficiante deixou de ser o pai de família, o qual passou suas funções para os sacerdotes.

O conjunto dos ritos liga-se, progressivamente, à Páscoa como libertação do Egito, festa da família, memorial do êxodo, festa anual que junta as duas tradições, pois nela temos elementos do nomadismo (a imolação do cordeiro) e do sedentarismo (as ervas amargas e o pão sem fermento). Jesus Cristo, por sua vez, sendo um homem inserido na vida litúrgica de seu povo, vai ao Templo de Jerusalém por ocasião da Páscoa quando completa doze anos, participa da Páscoa judaica e, nesse contexto, em sua Última Ceia com os apóstolos, cria um novo rito, uma liturgia nova, ou seja, atribui ao que já se fazia um novo sentido. A instituição da Eucaristia nesse contexto de continuidade e ruptura litúrgicas demonstra a oblação de Jesus e a presença nele dos três tipos de sacrifício do Antigo Testamento (holocausto, banquete de comunhão e expiação), tornando-se a síntese da economia sacrifical de seus antepassados.

Essa nova liturgia, portanto, tem suas raízes no judaísmo. Por isso vale a pena lembrarmos algumas festas judaicas que influenciaram na criação do Ano Litúrgico conforme se apresenta hoje e sempre em relação com o tempo cósmico:

- *A festa do Ano-Novo*: celebrada no primeiro dia da lua nova do mês do outono; dia de descanso e de sacrifícios, caracterizando-se pelo toque da trombeta feita com chifres de animais.

- *A festa da Reconciliação*: celebrada na primeira lua cheia do outono, consiste em penitências para obter o perdão dos pecados; dois bodes eram usados: um era imolado para a expiação do povo e o outro usado para fazer a imposição das mãos, como se fosse feita sobre ele a transmissão dos pecados da comunidade; após esse rito, o bode expiatório era levado ao deserto para ser extraviado, simbolicamente carregando para longe todos os pecados do povo.

- *A festa da Dedicação do Templo*: comemorava-se a restauração do templo por Judas Macabeu; também chamada festa das luzes, porque durante a celebração acendia-se o candelabro com sete velas (menorá), simbolizando a plenitude, ou seja, a união do mundo imanente (concreto) com o mundo transcendente (sobrenatural); podemos relacionar essa festa com a dedicação dos templos cristãos.

- *A festa dos Purim*: celebrada entre os dias 14 e 15 do mês de Adar, comemorava a libertação dos judeus da diáspora persa; no dia anterior ao dia 14, faz-se uma preparação com rigorosos jejuns; por essa festa admitir algumas libertinagens, tornou-se uma espécie de carnaval judaico.

- *O dia do Luto Nacional*: celebra-se no dia 9 do mês de Ab (julho/ agosto), em que os judeus ficam de luto pelas catástrofes acontecidas com seu povo (por exemplo, o massacre dos judeus pelos romanos e pelos nazistas). Por coincidência, foi em 4 de Ab de 1942 que os reis da Espanha expulsaram os judeus daquele país; também, tanto a Segunda Guerra Mundial como o Holocausto, dizem os historiadores, foram um prolongamento da Primeira Guerra Mundial, que começou, justamente, no calendário hebraico em 9 de Ab. Existem cinco coisas proibidas neste dia: comer e beber, lavar-se, untar-se com óleo, vestir sapatos de couro e coabitar; o jejum é observado rigorosamente, e nas sinagogas se lêem as Lamentações do profeta Jeremias (fazemos o mesmo na nossa liturgia cristã da Sexta-feira Santa). Essa festa incide na formatação do Ano Litúrgico no que concerne à prática prescritiva do jejum na Quarta-feira de Cinzas e na Sexta-feira Santa, como também pelo canto das Lamentações do Profeta Jeremias como sendo o próprio para a Adoração da Cruz na Celebração da Paixão do Senhor.

No nosso parecer, essas são as festas mais contundentes dos ritos judaicos que influenciaram, diretamente, na construção da liturgia romana, tanto na Celebração Eucarística, quanto na *Liturgia das Horas* ou mesmo nos sacramentos.

O domingo cristão — que provém de uma realidade cósmica, pois na semana planetária ele aparece como o dia do sol — equivaleria ao sábado judeu. Como foi no primeiro dia da semana que o Senhor Jesus ressurgiu, esse dia passou a ser dia santo e do repouso cristão. Sendo o primeiro dia da criação, pois Deus descansou no sétimo dia (sábado) das coisas criadas, é também o dia em que Jesus Ressuscitado dos mortos recria o homem e todo o cosmo. Podemos, então, dizer: assim como a Páscoa está para a centralidade do Ano Litúrgico, o domingo está para a centralidade da semana cristã, não pretendendo substituir o sábado judeu.

Devido à importância desse dia, os teólogos sempre buscaram nomes que lhe dessem sentido. Assim temos: *o primeiro dia da semana* (cf. Mt 28,1; 1Cor 16,2; At 20,7); o *dia do sol* (na visão extrabíblica) — na semana planetária, o sol é o centro do sistema; o *dia do Senhor* (cf. Ap 1,10), em uma dimensão escatológica, havendo uma íntima relação com a ressurreição e as aparições do Ressuscitado; o *oitavo dia* depois do sábado, dia em que Deus descansou das coisas criadas e que nosso Redentor repousou no sepulcro à espera da Ressurreição. Apresenta-se como um dia escatológico, que não existe na semana cronológica. Lembremos aqui as solenidades que possuem oitavas festivas (Natal e Páscoa), o oitavo dia para a circuncisão de Jesus e os oito dias depois do Domingo da Ressurreição, no cenáculo, desta vez com a presença do apóstolo Tomé.

O domingo simboliza, ainda, o Batismo: a circuncisão no oitavo dia e as oito pessoas que se salvaram do dilúvio na Arca de Noé, símbolo da nova humanidade regenerada no final dos tempos, como também a purificação no oitavo dia (cf. Lv 14,10).

Tendo refletido, de modo geral, sobre o sentido da liturgia e de seus diversos ritos, como ainda as influências que sofremos provenientes de outras culturas e tradições, passaremos ao estudo concreto do Ano Litúrgico cristão-católico como se encontra após a renovação do Concílio Vaticano II.

O Ano Litúrgico no Rito Latino-Romano

A Eucaristia, fonte e ápice da vida da Igreja e de sua missão, é o centro da liturgia, pois nesse "Tão Sublime Sacramento" nosso Divino Redentor nos deixou o memorial de sua Páscoa para que o celebrássemos em sua memória. Na Eucaristia encontra-se presente a raiz de todas as outras celebrações litúrgicas. Nela pautaram a vida muitos santos, como enumera o Papa Bento XVI (2007), de Inácio de Antioquia ao Beato Ivan Mertz, passando por Santo Agostinho, São Bento, São Francisco de Assis, Santo Tomás de Aquino, Santa Teresa de Lisieux e os Beatos Charles de Foucauld, Teresa de Calcutá e Pedro Jorge Frassati. Eu citaria a Beata Lindalva Justo de Oliveira, virgem e mártir do Rio Grande do Norte do Brasil, que tendo adorado e recebido Jesus Cristo na Eucaristia por tantas vezes, deu pela efusão de seu sangue e em pleno exercício da caridade o perfeito testemunho do *Sacramentum Caritatis* ("Sacramento da Caridade"), pois esse Augusto Sacramento foi instituído como maior ato de amor e liberdade por parte de nosso Salvador às vésperas de sua bem-aventurada paixão e morte. "Deixou singular conforto para aqueles que se entristeciam pela sua ausência temporal" (*Liturgia das Horas*, Solenidade de *Corpus Christi*).

A Eucaristia é a fonte de toda e qualquer celebração litúrgica. E o Ano Litúrgico tem como centro e cume, justamente, a celebração anual da Páscoa. Esta última tem a Eucaristia presente de modo marcante na celebração que dá início ao Tríduo Sacro em honra do Cristo Morto, Sepultado e Ressuscitado, começando com a celebração da Missa *In Coena Domini* ("Na Ceia do Senhor") e atingindo seu ápice na Vigília Pascal, fonte de vida para a Igreja, noite batismal e eucarística.

Portanto, no centro de todo o Ano Litúrgico está Jesus Cristo, e não o *Santoral*, como se costumava pensar antes da renovação litúrgica proposta pelo Concílio Vaticano II. O domingo estava cedendo o lugar às devoções pessoais, que são úteis para a vida de fé, mas que nunca deverão obscurecer o mistério de Cristo celebrado na liturgia oficial.

O Ano Litúrgico é o ciclo das celebrações anuais da Igreja que recordam (atualizam) o mistério de Cristo no tempo. Pode-se dizer, ainda, que ele é a celebração da encarnação e da redenção de Deus no mundo, a celebração dos acontecimentos salvíficos no tempo, tendo como finalidade primordial apresentar a obra redentora de Cristo. O Ano Litúrgico celebra, portanto, fatos históricos relacionados à obra salvadora de Jesus Cristo, e não meros ritos temáticos. Sendo assim, não seria Ano Litúrgico somente a celebração dos santos, uma simples comemoração de datas cívicas, as celebrações dos meses temáticos (mês mariano, mês das vocações, mês da Bíblia, mês das missões), pois isso empobreceria a apresentação pedagógica do mistério de Cristo.

Citemos um exemplo. Durante quase todo o mês de maio, às vezes entrando em junho, o Ano Litúrgico celebra o Tempo Pascal. Isso não impede de dedicar esse mês às homenagens prestadas a Nossa Senhora, Mãe de Deus e nossa, como a piedade cristã felizmente já instituiu há tanto tempo, pois por ela chegamos a Cristo. Durante os domingos, que são os núcleos da celebração do Ano Litúrgico, deve-se celebrar o dia litúrgico conforme o calendário, com textos, eucologias (orações) e cantos próprios. Mas a Igreja, em sua sabedoria, já coloca no último dia do mês de maio uma festa litúrgica dedicada a Nossa Senhora, o mistério de sua visitação à sua prima Isabel, como que para coroá-lo e elevar ao grau de litúrgico aquilo que a sábia piedade popular celebra. Nessa festa, a liturgia ressalta o serviço de Maria, a inspiração de Isabel ao declará-la bendita entre todas as mulheres, o *Magnificat* saído dos lábios de Maria como a primeira evangelizadora já proclamando o Evangelho do Filho antes mesmo que ele nascesse e o antigo cedendo lugar ao novo (Isabel e João dão lugar a Maria e Jesus Cristo).

Em cada celebração, bem participada, os fiéis inserem-se mais profundamente no mistério de Cristo e no processo contínuo de conversão, vão moldando sua vida pelas palavras e atitudes do Cristo. Dentro do tempo litúrgico, vivemos em um contínuo *hoje*. A dimensão memorial não é uma simples lembrança, mas uma real atualização dos mistérios celebrados no tempo cósmico, ocasionando um *kairós* divino-humano: louvamos à Santíssima Trindade, pois toda ação litúrgica é dirigida a ela, e ao mesmo tempo somos santificados. Daí, na maioria das vezes, encontrarmos o vocábulo *hoje* nas eucologias (orações) presentes na liturgia romana, em um eterno memorial de atualização. Alguns exemplos: as antífonas de entrada da Missa da Noite e da Aurora do Natal: "O Senhor me disse: 'És o meu filho, eu *hoje* te gerei'"; "*Hoje* surgiu uma luz para o mundo: o Senhor nasceu para nós". A antífona do Salmo 95, também da Missa da Noite de Natal: "*Hoje* nasceu para nós o Salvador, que é o Cristo Senhor". A aclamação ao Evangelho retirada do próprio texto de Lucas 2,11: "*Hoje* na cidade de Davi, nasceu para vós um Salvador, que é o Cristo Senhor". Na Quinta-feira Santa, no momento da narrativa da ceia, diz-se: "Na noite em que foi entregue para padecer pelos pecadores, isto é, *hoje*". Também nos prefácios mais solenes encontramos essa dimensão atual da liturgia; por exemplo, na Noite da Páscoa: "Mas sobretudo *nesta noite (dia)* em que Cristo nossa Páscoa foi imolado". E ainda no Prefácio da Solenidade de Pentecostes: "Derramastes, *hoje*, o Espírito Santo prometido". Também encontramos esse mesmo advérbio de presença atual do momento histórico celebrado no Prefácio da Assunção de Nossa Senhora aos céus: "*Hoje*, a Virgem Maria, Mãe de Deus, foi elevada à glória do céu".

Em vários trechos da *Liturgia das Horas* encontramos essa dimensão memorial e atual da liturgia. Citaremos, também, alguns exemplos: antífona das Segundas Vésperas da Solenidade da Epifania do Senhor, que por sinal evoca os três mistérios celebrados nesse dia, em que o episódio dos Magos guiados pela estrela é só um deles; diz ela: "Recordamos neste dia três mistérios: *hoje* a estrela guia os Magos ao presépio. *Hoje* a água se faz vinho para as Bodas. *Hoje* Cristo no Jordão é batizado para salvar-nos". Ainda um outro exemplo da *Liturgia das Horas*: nas celebrações pascais, as citações constantes do Salmo 117: "*Este é o dia que o Senhor fez para nós, alegremo-nos e nele exultemos*".

Com esses exemplos, fica suficientemente claro que dentro do Ano Litúrgico o mistério de Cristo é sempre atualizado em um eterno presente e nessa dimensão memorial encontramos a profética. Todo batizado é ungido sacerdote para pertencer a uma raça eleita e é chamado a ser profeta, ou seja, denunciador de situações que não condizem com o Evangelho de Cristo. Deve anunciar, não somente com a voz, mas sobretudo com o testemunho, como verdadeiro profeta da Nova Aliança, o Cristo vivo que nos conduz para a verdadeira vida. Portanto, na celebração do Ano Litúrgico não podemos perder sua vivência memorial, atual e profética.

Por esse motivo, o Ano Litúrgico é *irrepetível*; a cada ano celebramos (atualizamos) os mesmos fatos históricos da vida de Jesus Cristo, mas sempre de maneira diferente, pois não somos os mesmos, já nos convertemos, tornamo-nos mais próximos de Deus, já que há uma dimensão sacramental nessas celebrações. A forma gráfica mais elucidativa para representar o movimento do Ano Litúrgico é, justamente, uma espiral, dando assim uma idéia de continuidade e abertura. Juntam-se, nessa forma gráfica, as duas concepções de tempo: a linear do mundo judaico, ou seja, da perspectiva histórica de começo, meio e fim, e a visão grega circular de tempo, ou seja, do eterno retorno. A forma de espiral nos livra da repetitividade, do aprisionamento, e nos mostra que a cada ano, ao celebrarmos os mistérios fortes da vida de Cristo, que se inserem em nossa vida, somos levados a mudanças de atitudes as quais, conseqüentemente, conduzem-nos à casa do Pai.

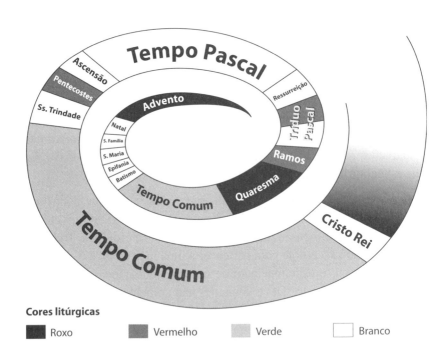

a) O ciclo do Natal

Até o século IV, os cristãos celebravam apenas o domingo e a Páscoa anual. A celebração do mistério da encarnação de Jesus Cristo foi surgindo aos poucos, a partir da instituição da Solenidade do Natal do Senhor, substituindo a festa pagã do *Sol Invictus*. Esta festa era celebrada em Roma no dia 25 de dezembro: sendo Jesus chamado por Zacarias de "Sol nascente que nos veio visitar", os cristãos, logo, apressaram-se em cristianizá-la, comemorando a Natividade do Senhor nesse dia, visto ser Cristo o Verdadeiro Sol.

A atual celebração do Ano Litúrgico, reformada pelo Concílio Vaticano II, dispõe o ciclo do Natal da seguinte maneira: uma preparação, a celebração e uma vivência. O mesmo esquema ocorre, também, no ciclo da Páscoa.

O Natal é preparado pelo Tempo do Advento, cujo significado é "vinda". Aqui podemos nos lembrar das três vindas de Cristo em nossa história: aquela ocorrida no tempo, a diária (na pessoa do próximo, no sacerdote, nos sacramentos, sobretudo na Eucaristia, e em sua Palavra proclamada) e a que acontecerá no final dos tempos, quando ele virá glorioso para julgar os vivos e os mortos. O Advento, portanto, não é um tempo penitencial, apesar da cor roxa, mas de alegre expectativa pela vinda do Senhor. Divide-se em duas partes: do 1º Domingo do Advento (que é o domingo que se situa entre os dias 27 de novembro e 3 de dezembro), ao dia 16 de dezembro, inclusive, em que a liturgia alude à segunda vinda, alertando-nos para a vigilância, pois o Senhor virá em dia e hora desconhecidos, e deveremos estar preparados para essa vinda. Nessa primeira parte não devemos pensar, ainda, na vinda histórica da Noite de Natal, mas sim na vinda escatológica (final dos tempos). É nessa linha que deverão ser escolhidos os cantos, já que as lições e orações são indicadas pelo próprio *Missal* e *Lecionários*. Um exemplo claro dessa teologia da primeira parte do Tempo do Advento são os dois primeiros prefácios que sempre tratam das duas vindas. Ele veio uma primeira vez para manifestar seu eterno plano de amor, no final dos tempos virá uma segunda vez. Nessa fase, temos a celebração de alguns santos, como Santo André, São Francisco Xavier, Santo Ambrósio, Santa Luzia, São João da Cruz, a Solenidade da Imaculada Conceição e a Festa de Nossa Senhora de Guadalupe, Padroeira Principal da América Latina. O mistério de Maria está sempre em consonância com o do Filho. Juntamente com o profeta Isaías, João Batista e São José, Maria é uma das figuras-chave do Advento. O canto do *Glória a Deus nas alturas* (hino de louvor) somente ocorre nessas duas festividades de Nossa Senhora, visto que, nos domingos do Advento, a Igreja não executa esse hino para que volte a ressoar, solenemente, na Noite de Natal, como aquele que os Anjos cantaram ao anunciarem aos pastores de Belém o nascimento do Salvador. O *Aleluia* pode ser entoado durante todo esse tempo, já que não se trata de uma celebração penitencial como na Quaresma. Os temas dos quatro domingos do Advento se arrumam, tematicamente, da seguinte maneira: o primeiro apresenta uma evocação escatológica; o segundo e o terceiro trazem a figura de São João Batista, a voz que clama no deserto e prepara os caminhos do Senhor, cujo tema é a vigilância; o quarto domingo apresenta a figura de Maria, no Evangelho do sonho de José para receber Nossa Senhora como esposa, no episódio da Anunciação do Senhor ou na perícope da Visitação. Isso porque os domingos do Advento são apresentados em três ciclos de leituras, ou seja, ano A, B e C. O 3º Domingo do Advento é também chamado de *Gaudete*, porque a antífona de entrada inicia com essa palavra, que nos convoca para a alegria do Natal, que já se aproxima. Nesse domingo pode-se usar a cor rosa, permitindo-se, ainda, o toque do órgão e um discreto ornamento de rosas sobre o altar; por isso, por vezes, é chamado de Domingo da Rosa.

A segunda parte do Advento (de 17 de dezembro a 24 de dezembro), também chamada de Semana Santa do Natal, caracteriza-se pela temática teológica da primeira vinda, ou seja, da celebração do Natal propriamente dito. Caracteriza-se por orações e leituras especiais para a celebração Eucarística e, também, por textos que visam a essa preparação próxima para o nascimento do Senhor na *Liturgia das Horas*, cujo destaque são as *Antífonas Ó*, ou *Maiores*, cantadas para introduzir o canto do *Magnificat* nas Vésperas. Essas antífonas recebem esse nome porque sempre começam com a interjeição "ó" antecedendo um título messiânico que se refere à vinda do Salvador, inclusive pedindo que ele venha sem demora. Assim temos: *ó Sapientia, ó Adonai, ó Radix Jesse, ó Clavis David, ó Oriens, ó Rex Gentium, ó Emmanuel,* sempre com a chamada de atenção para o vocábulo *veni* (vinde ou vem).

Vejamos essas antífonas solenes uma a uma:

Para o dia 17 de dezembro:

Ó Sabedoria, que saístes da boca do Altíssimo,
e atingis até os confins de todo o universo
e com força e suavidade governais o mundo inteiro:
oh *vinde* ensinar-nos o caminho da prudência.
(Ref. bíblicas: Eclo 24,3; Sb 8,1; Pr 4,11; Is 40,14.28; Cl 1,15-17.)

Para o dia 18 de dezembro:

Ó Adonai, guia da casa de Israel,
que aparecestes a Moisés na sarça ardente
e lhe destes vossa lei sobre o Sinai:
vinde salvar-nos com o braço poderoso!
(Ref. bíblicas: Ex 3,1-2; 6,2-3.6; 13,21; 20,1-21.)

Para o dia 19 de dezembro:

Ó Raiz de Jessé, ó estandarte,
levantado em sinal para as nações!
Ante vós se calarão os reis da terra,
e as nações implorarão misericórdia:
vinde salvar-nos! Libertai-nos sem demora!
(Ref. bíblicas: Is 11,1.10; 35,4; 52,15; Hb 10,37; Ap 22,16b.)

Para o dia 20 de dezembro:

Ó Chave de Davi, Cetro da Casa de Israel,
que abris e ninguém fecha, que fechais e ninguém abre:
vinde logo e libertai o homem prisioneiro,
que, nas trevas e na sombra da morte, está sentado.
(Ref. bíblicas: Ap 3,7; Sl 107[106],14.)

Para o dia 21 de dezembro:

Ó Sol nascente justiceiro, resplendor da Luz eterna:
oh vinde e iluminai os que jazem entre as trevas
e, na sombra do pecado e da morte, estão sentados.
(Ref. bíblicas: Gn 1,1-3; Is 9,1; Lc 1,78-79.)

Para o dia 22 de dezembro:

Ó Rei das nações. Desejado dos povos:
Ó Pedra angular, que os opostos unis:
Oh, *vinde* e salvai este homem tão frágil,
que um dia criastes do barro da terra!
(Ref. bíblicas: Jz 9,8-15.)

Para o dia 23 de dezembro:

Ó Emanuel: Deus-conosco, nosso Rei Legislador,
Esperança das nações e dos povos Salvador:
Vinde enfim para salvar-nos, ó Senhor e nosso Deus!
(Ref. bíblicas: Hb 1,2b.)

O Sl 98(97),3 diz que "os confins do universo contemplarão a salvação do nosso Deus" e o Sl 96(95), que é cantado na Noite de Natal, confirma: "Cantai ao Senhor um canto novo [...]; cantai ao Senhor a terra inteira [...]; pois ele *vem* para salvar, por isso aplauda o mar e toda a criação".

Esse *vem* solene, a Igreja ainda canta hoje a todo instante. Do fundo de seu coração, deseja ardentemente essa vinda. No final da Sagrada Escritura, ouvimos: "O Espírito e a Esposa dizerem: *Vem*. Aquele que ouve também diga: *Vem! Vem*, Senhor Jesus!" (Ap 22,17a.20b).

A antífona das Primeiras Vésperas do Natal na tarde do dia 24 de dezembro nos diz, com toda confiança e certeza: "Quando o sol aparecer no horizonte, contemplareis o Rei dos reis sair do Pai como o esposo de seu quarto nupcial".

Os Evangelhos dessa semana são organizados cronologicamente da seguinte maneira: Genealogia de Jesus, Sonho de José, Anunciação de João Batista, Visitação de Maria a Isabel, *Magnificat*, Nascimento de João e *Benedictus*.

A celebração da festividade do Natal caracteriza-se por quatro Missas, cada uma com formulários próprios para as orações e lições. São elas: a Missa da Vigília para a tarde do dia 24 de dezembro, a Missa da Noite (meia-noite), a Missa da Aurora para as primeiras horas do dia 25 de dezembro e a Missa do Dia. No século IV, o Papa celebrava apenas a Missa do Dia, mas já no princípio do século IX havia formulários para a Missa da Noite. Nesta Missa o canto do *Glória* é acompanhado pelo alegre toque dos sinos, e o intróito ou antífona de entrada faz alusão ao Salmo 2: "O Senhor me disse: 'Tu és meu Filho, hoje eu te gerei'". A Missa da Noite tem como temática teológico-litúrgica mostrar a encarnação do Filho de Deus na história; daí a narrativa histórica do que aconteceu naquela Noite Santa em Belém de Judá, com personagens históricas bem precisas. Já a Missa do Dia mostra-nos o Natal na perspectiva teológica, com o Evangelho de João sobre o Verbo Encarnado (cf. Jo 1,1-18).

A vivência natalina ou prolongamento da festa possui duas partes: a Oitava do Natal e o Tempo do Natal, subdividido em antes e depois da Solenidade da Epifania do Senhor.

A Oitava se organiza do seguinte modo: os três primeiros dias são dedicados a um santoral, ou seja, no dia 26 de dezembro, a liturgia celebra a Festa de Santo Estêvão, o protomártir, como que para mostrar que esse santo deu sua vida pelo Filho de Deus recém-nascido. O dia 27 de dezembro é marcado pela Festa de São João Evangelista, pois é ele quem "canta" a respeito do Verbo da vida que se encarnou e armou sua tenda entre nós. Assim vemos que, com essas duas celebrações dentro da Oitava do Natal, a liturgia quis privilegiar o elemento teológico, já que ambos os santos viveram depois do acontecimento do nascimento de Jesus. Já o dia 28 de dezembro celebra a Festa dos Santos Inocentes; aqui o acento é cronológico, pois esse episódio (a matança, em Belém, das crianças de até dois anos decretada pelo iníquo rei Herodes) aconteceu, conforme a narrativa evangélica, nas proximidades do Natal. Os outros dias são chamados: quarto, quinto, sexto e sétimo dia da Oitava do Natal. No domingo que ocorre dentro dessa oitava festiva, celebra-se a Festa da Sagrada Família, mas se o Natal for em um domingo essa festa é sempre celebrada no dia 30 de dezembro, portanto, na sexta-feira seguinte. No dia 1º de janeiro, Oitava do Natal, a Igreja comemora a Solenidade da Santa Mãe de Deus, evocando a maternidade divina de Nossa Senhora; a perícope evangélica desse dia faz alusão à circuncisão do Senhor, no oitavo dia, e à imposição de seu nome conforme fora anunciado pelo Anjo à Virgem Maria e a José.

Após esse dia temos o tempo do Natal antes da Epifania. No Brasil esta solenidade ocorre no domingo entre os dias 2 e 8 de janeiro; se por acaso ocorrer no dia 7 ou 8 de janeiro, a Festa do Batismo do Senhor é celebrada logo no dia seguinte, segunda-feira, e na terça-feira começa o Tempo Comum em sua primeira semana. Se a Epifania ocorrer antes desses dois dias, a Festa do Batismo do Senhor é celebrada no domingo seguinte, tomando o lugar do 1º Domingo Comum, e o Tempo Comum começa na segunda-feira.

A Solenidade da Epifania do Senhor deseja comemorar três mistérios de manifestação da divindade de Jesus Cristo, conforme vemos na antífona das Segundas Vésperas (*Liturgia das Horas*): "Recordamos neste dia três mistérios: Hoje a estrela guia os Magos ao presépio. Hoje a água se faz vinho para as bodas. Hoje Cristo no Jordão é batizado para salvar-nos". Nesses três acontecimentos, Jesus é reconhecido como Deus: pelos Magos pagãos, demonstrando a universalidade da Igreja; através de seu primeiro milagre em Caná da Galiléia; e pela voz do Pai no rio Jordão.

É costume, no dia da Epifania do Senhor, fazer a proclamação da Páscoa e das solenidades móveis do ano, após a leitura do Evangelho ou no final da Missa.

No quadragésimo dia após o Natal, já dentro do Tempo Comum, para ser fiel às Sagradas Escrituras, a Igreja celebra a Festa da Apresentação do Senhor no Templo, pois conforme a lei judaica os primogênitos deviam ser apresentados ao Senhor nesse dia, com uma oferta. A liturgia dessa festa faz ressoar a voz do velho Simeão, que afirma Jesus como Luz das nações e verdadeiro Salvador de Israel e da humanidade. Por isso, antes da reforma litúrgica, essa festa era dedicada a Nossa Senhora das Candeias, por fazer menção da luz (candelas/candelabro) e acenderem-se velas no início da celebração.

b) O ciclo da Páscoa

O mistério pascal de Jesus Cristo, centro do Ano Litúrgico, é celebrado pela Igreja com toda a solenidade e digno cuidado. Assim como vimos no ciclo natalino, o ciclo da Páscoa também possui uma preparação, a celebração em si e a vivência.

A preparação dessa grande solenidade é feita durante o sagrado tempo de conversão, a Quaresma, que se inicia com a Quarta-feira de Cinzas e vai até a Hora Média ou Ofício de Noa, para aqueles que rezam as Horas Menores separadamente, da Quinta-feira Santa. Portanto, o Domingo de Ramos e da Paixão e a primeira parte da Semana Santa ainda são tempo de Quaresma.

Nos primeiros séculos do cristianismo, esse tempo era utilizado para a preparação dos catecúmenos que receberiam o sacramento do Batismo na Vigília Pascal, como também era o momento em que os penitentes públicos se vestiam de saco e impunham cinzas sobre a cabeça em sinal de penitência e conversão. Esses penitentes eram readmitidos na comunidade em uma Missa especial na Quinta-feira Santa para a reconciliação dos penitentes.

Os domingos da Quaresma possuem três ciclos de leituras, mas os temas dos dois primeiros domingos são sempre os mesmos: tentações de Jesus e sua transfiguração, evangelhos narrados conforme o ano A (Mateus), ano B (Marcos) ou ano C (Lucas). Colocando essas duas leituras evangélicas no início da Quaresma, a Igreja deseja colocar os fiéis diante dos acontecimentos salvíficos que irão se realizar durante o Tríduo Pascal: cruz (representada pelas tentações) e ressurreição (representada pela transfiguração). O terceiro, quarto e quinto domingos variam conforme o ciclo de leituras. No ano A, uma Quaresma batismal com a meditação dos evangelhos da Samaritana, do Cego de Nascença e da Ressurreição de Lázaro, temática que ocorre na celebração da Vigília Pascal: água, luz e ressurreição. Esse ciclo poderá ser repetido todos os anos, sobretudo se houver catecúmenos adultos para serem batizados na Noite Pascal. No ano B temos uma Quaresma cristológica em que no terceiro domingo é lido o Evangelho da destruição e reconstrução do Templo em três dias (cf. Jo 2,13-25); no quarto, Jesus e Nicodemos falando sobre a teologia do Batismo (cf. Jo 3,14-21); no quinto domingo desse ciclo, Jesus tratando de sua hora (cf. Jo 12,20-33). O ano C apresenta uma Quaresma penitencial, sobretudo com a narrativa dos evangelhos em que Jesus convida-nos à conversão (cf. Lc 13,1-9); do filho arrependido (cf. Lc 15,1-3.11-32) e da pecadora pública (cf. Jo 8,1-11), mostrando-nos que, pelo arrependimento e confissão de nossos pecados, poderemos voltar ao estado de santidade batismal.

O 6º Domingo da Quaresma é sempre o Domingo de Ramos e da Paixão. Precisamos prestar atenção ao nome desse domingo: não é somente dos ramos, que evoca a vitória e realeza de Cristo, mas também da Paixão. Por isso, o tema dessa Missa evoca o mistério da cruz: no Salmo 21, nas leituras, na proclamação da Paixão do Senhor e no prefácio. A monja Etérea, que viajou no século IV pela Terra Santa, observou, em seu diário, que nesse dia se fazia a comemoração da entrada triunfal de Jesus em Jerusalém para realizar sua Páscoa, que se fazia a leitura do relato da Paixão e que esse relato era feito ainda na Segunda, Terça e Quarta-feira Santas. A reforma do Concílio Vaticano II, para valorizar os acontecimentos da Ceia Pascal de Jesus, colocou nesses três dias iniciais da Semana Santa os seguintes evangelhos: unção de Betânia, menção à traição de Judas e preparação da sala para a Páscoa. Na liturgia do Domingo de Ramos e da Paixão vemos, ainda, uma clara conexão com os temas dos dois primeiros domingos da Quaresma, como também com o que vai ocorrer nos dias do Sagrado Tríduo Pascal: morte (tema da Missa do Domingo de Ramos e da Paixão) e ressurreição, representada pela procissão dos ramos, que evoca o Cristo como vencedor e enviado do Pai.

Como ocorre no Tempo do Advento, aqui temos o tema da alegria no quarto domingo, chamado de *Laetare* pelo mesmo motivo: a antífona de entrada da Missa inicia-se com esse vocábulo. Nesse dia permite-se, também, o toque do órgão e discreta decoração de rosas para o altar. A cor litúrgica poderá ser o rosa, como uma antecipação das alegrias pascais que se aproximam. Lembramos que, por ser um tempo penitencial, na Quaresma não se canta o *Glória* (hino de louvor), nem o *Aleluia*, que voltará a ser entoado somente na Vigília Pascal, por ser o canto solene dos santos, dos redimidos, daqueles que estão inseridos, profundamente, no mistério pascal de Cristo. Por isso mesmo, o Sábado Santo é, tradicionalmente, chamado de Sábado de Aleluia.

Na Quinta-feira Santa, ainda tempo da Quaresma, celebra-se, pela manhã na catedral, a Missa do Crisma, na qual se consagra o santo óleo do crisma e abençoam-se os óleos dos catecúmenos e para a Unção dos Enfermos. Essa Missa é presidida pelo bispo diocesano e concelebrada por todo o seu presbitério, pois nela os sacerdotes renovam seus compromissos sacerdotais por ser o dia da instituição do sacramento da Ordem. Com a Missa *In Coena Domini* ("Na Ceia do Senhor"), celebrada no final da tarde ou início da noite desse dia, tem início o Solene Tríduo Pascal em honra do Cristo morto (Sexta-feira Santa — primeiro dia), sepultado (Sábado Santo — segundo dia) e ressuscitado (Domingo da Ressurreição — terceiro dia). E esse é o ápice da celebração dessa solenidade anual.

O Tríduo Pascal

O Tríduo Pascal caracteriza-se por três memórias: a mística, a histórica e a escatológica.

A memória mística

A primeira é a *memória mística* na Quinta-feira Santa, com a Missa na Ceia do Senhor, que comemora instituição da Sagrada Eucaristia, do sacerdócio ministerial e do mandamento do amor. A antífona de entrada desse dia é sempre tirada da Carta de São Paulo aos Gálatas 6,14: "Nós devemos gloriar-nos na cruz de Nosso Senhor Jesus Cristo que é nossa salvação e nossa vida, esperança de ressurreição". Essa antífona já nos introduz no mistério a ser celebrado ao longo desses três dias. A Liturgia da Palavra caracteriza-se pela leitura de Ex 12 (ritual da Páscoa judaica, contexto em que Jesus celebrou e instituiu sua Páscoa); o Salmo 115, que evoca o cálice da bênção elevado como sinal de salvação; a segunda leitura de 1Cor 11, que é o texto mais antigo sobre a instituição de Eucaristia e que Paulo nos transmite como seu testamento, uma preciosidade recebida dos apóstolos, e o Evangelho de João narrando a cena do lava-pés, que, antes de querer mostrar a humildade de Jesus, deseja que fixemos o olhar em seu amor imenso: "Tendo amado os seus que estavam no mundo, amou-os até o fim" (cf. Jo 13,1-15). Jesus, assumindo a postura dos escravos, deu-nos o exemplo, para nós, também, lavarmos os pés uns dos outros e amar-nos mutuamente como ele nos ensinou. Após a comunhão, o Santíssimo Sacramento é conduzido para uma capela lateral ou outro lugar devidamente preparado, fora do presbitério, para ser adorado pelo povo, em vigília, por algumas horas dessa noite. Essa reserva eucarística servirá para a comunhão dos fiéis na celebração da Paixão do Senhor, visto que a Sexta-feira e o Sábado Santo são considerados dias alitúrgicos, pois neles não se celebra a Santa Missa. Por isso mesmo, o altar deverá ficar desnudo (sem toalhas), o presbitério sem decoração de flores ou tapetes, e as cruzes, se não puderem ser retiradas, devem ser veladas ou cobertas de vermelho até o momento da Vigília Pascal. Isso como sinal da celebração da Paixão do Senhor. Nessa Missa canta-se o *Glória a Deus*, que é acompanhado com o toque dos sinos, os quais voltarão ao silêncio até o canto do mesmo *Glória* na santa noite de Páscoa.

A memória histórica

Na Sexta-feira Santa, por volta das 15h ou até mesmo das 19h, mas nunca em horas mais tardias, comemora-se a Paixão do Senhor, ou seja, a *memória histórica* desse ato supremo de amor de Nosso Redentor pela humanidade. Essa cerimônia não possui antífona de entrada; tudo começa em silêncio, com a prostração dos celebrantes perante o altar despojado, pois diante do mistério da morte de nosso Deus a melhor atitude das criaturas é calar e prostrar-se. A primeira leitura é sempre o quarto canto do Servo de Javé (cf. Is 52–53); esse texto apresenta o Servo Sofredor, mas que sairá vitorioso por sua obediência e confiança no Pai. De rosto desfigurado, não mais parecendo homem, ele será bem-sucedido e receberá a glória. O Salmo 30, que Jesus pronunciou na cruz, é cantado no sentido de confiança total no Pai; nós também devemos abandonar-nos nas mãos de Deus, pois ele sempre virá em nosso socorro. A Carta aos Hebreus (segunda leitura) evoca a liturgia do Templo de Jerusalém, onde, uma vez por ano, o sumo sacerdote entrava no santuário para oferecer sacrifícios de animais, que não podiam apagar pecados, em favor do povo. Jesus entra, por sua obediência, de uma vez por todas no Santo dos Santos com seu próprio sangue e nos redime dos pecados, é sacerdote e vítima sem mancha. O relato da Paixão segundo João, a testemunha ocular, já que estava ao pé da cruz junto com Nossa Senhora, Maria Madalena e outras mulheres piedosas, atualiza na liturgia os últimos momentos da vida histórica de Jesus de Nazaré, o qual se torna o Cristo da fé.

A Liturgia da Palavra desse dia conclui-se com as orações universais, que apresentam a intenção e em seguida a própria oração dirigida ao Pai. Deseja abranger as grandes necessidades da Igreja: pede, então, pela própria Igreja como um todo, pelo Papa, pelos bispos, pelos padres, pelos leigos, pelos que não crêem no Cristo, por aqueles que não crêem em Deus, pelos judeus (a quem Deus revelou primeiro suas promessas), pelos enfermos e agonizantes, pelos catecúmenos e pelos governantes.

Terminada essa liturgia e inspirada no diário de Etérea, a celebração continua com a Adoração da Cruz, a qual entra solenemente no presbitério coberta de véu púrpura e ladeada por velas. O sacerdote aos poucos vai descobrindo-a e cantando a antífona: "Eis o lenho da cruz do qual pendeu a salvação do mundo". A assembléia, por sua vez, aclama: "Vinde, vinde adoremos" e ajoelha-se; isso por três vezes. Ao descobri-la totalmente, a cruz é colocada sobre o altar, e os fiéis, com toda a reverência, vão beijá-la em sentido de adoração àquele que nela foi erguido. Os cânticos próprios para esse momento de adoração da Santa Cruz são os Impropérios ou Lamentações do profeta Jeremias, sempre tendo como antífona: "Deus santo, Deus forte, Deus imortal, tende piedade de nós". Pode-se cantar, também, o tradicional *Vexilla Regis* em gregoriano ou em sua tradução para a língua portuguesa, que vale a pena relembrar aqui, com tantas melodias já feitas para ele, encontrando-se, ainda como hino de Vésperas da Semana Santa no recente volume da *Liturgia das Horas; músicas* (2007):

> Do Rei avança o estandarte
> Fulge o mistério da Cruz
> Onde por nós foi suspenso
> O autor da vida, Jesus.

Do lado morto de Cristo
Ao golpe que lhe vibraram,
Para lavar meu pecado
Sangue e água jorraram.

Ó Árvore, a mais bela,
De rubra púrpura ornada,
de os santos membros tocar
digna, só tu foste achada.

Ó Cruz feliz, dos teus braços
Do mundo o preço pendeu;
Balança foste do corpo
Que o duro inferno venceu.

Ó salve, altar, salve vítima,
eis que a vitória reluz:
a vida em ti fere a morte,
morte que à vida conduz.

Ó salve, cruz, esperança,
concede aos réus remissão;
dá-nos o fruto da graça,
que floresceu na Paixão.

Louvor a vós, ó Trindade,
Fonte de todo perdão,
Aos que na Cruz foram salvos,
Dai a celeste mansão.

Podem-se entoar, ainda, outros cânticos que se relacionem ao mistério da cruz como, por exemplo: *Seus dias completaram* ou *Vitória tu reinarás*.

A terceira parte dessa celebração é a Comunhão Eucarística com as reservas guardadas do dia anterior. Os fiéis aproximam-se do banquete da Páscoa mesmo nesse dia em que se celebra a morte do Senhor, pois a

Sexta-feira da Paixão já é Páscoa, visto que o Novo Adão desceu à mansão dos mortos para dela libertar nossos primeiros pais e todos os justos do Antigo Testamento, e em sua morte já estabeleceu nosso resgate para sempre. Como cântico de comunhão para esse dia sugere-se o tradicional: *Prova de amor maior não há que doar a vida pelo irmão.*

Essa celebração finaliza com uma oração sobre o povo na qual se pede a Deus que abençoe aqueles que acabam de celebrar a Paixão do Senhor na esperança de sua ressurreição, a fim de que cresça no coração dos fiéis a fé verdadeira e que se confirme a redenção. Todos se retiram em silêncio.

O segundo dia do Tríduo Pascal, o Sábado Santo, caracteriza-se pelo silêncio e a confiança na ressurreição do Senhor. Como já dissemos, é um dia sem Eucaristia (alitúrgico), mas os fiéis podem se encontrar para a oração da *Liturgia das Horas*, cuja temática é a esperança. O sono da noite não conseguiu apagar da memória a tragédia vivida no dia anterior. Mas, aos poucos, a escuridão deu lugar à luz e o dia amanheceu. Era sábado. Um grande silêncio pairou no ar e tomou conta da humanidade e de todas as coisas criadas, pois o Rei estava dormindo. Nesse dia santo, a Igreja convida seus filhos dispersos por toda a terra a permanecerem ao lado do sepulcro, meditando as maravilhas que Deus realizou e aquela maior que ele está para efetivar na madrugada do primeiro dia da semana. O Sábado Santo lembra o descanso de Deus das coisas criadas e o repouso, por um instante, do Deus feito Homem para, em seguida, recriar o universo. Em honra ao corpo de Jesus, que repousa no túmulo, a Igreja, sua esposa, juntamente com Maria, também repousa em um silêncio fecundo de espera, enquanto se prepara para receber o Cristo vencedor da morte. Esse é o verdadeiro sentido teológico e litúrgico desse dia. Já no final da tarde, no Ofício de Vésperas, a Igreja proclama com São João que as trevas já estão passando, que nesse dia estamos em aflição, mas que no dia seguinte as algemas serão quebradas e aos sentinelas que montavam guarda diante do túmulo do Senhor será perguntado: "Sentinela em que ponto está a noite? A luz surgirá das trevas e essa noite resplandecerá como o dia" (*Liturgia das Horas*). São com esses sentimentos que nos aproximamos da solene Vigília Pascal, cume do Tríduo Sacro e do Ano Litúrgico. Preparemos, portanto, nossas lâmpadas, as iguarias e as ceias pascais, e aguardemos do fundo do sepulcro a palavra do Anjo: "Não está aqui, ressuscitou!".

A memória escatológica

Segundo Santo Agostinho, essa noite santa é a mãe de todas as santas vigílias. Centrada nos sacramentos da iniciação cristã (Batismo, Crisma e Eucaristia), a Vigília Pascal, *memória escatológica* do Tríduo Sacro, desenvolve-se toda durante a noite e possui quatro partes. Na primeira, em torno do tema da lua, a Igreja abençoa o fogo novo, símbolo da presença de Deus, luz do mundo, para dele se acender o círio pascal que representa o Cristo Ressuscitado, o qual por cinqüenta dias iluminará o presbitério de nossas Igrejas. Essa celebração da luz lembra a presença daquele que ressuscitou rompendo as trevas numa explosão de luz e nos libertando do pecado. O batizado é um iluminado: "Outrora éreis treva, mas agora sois luz do Senhor [...]. Ó tu, que dormes, desperta e levanta-te de entre os mortos, que Cristo te iluminará" (cf. Ef 5,8.14).

Nos primórdios esse elemento, o fogo, tinha um caráter meramente prático: como a celebração era de noite, havia necessidade de luz para iluminar e aquecer o recinto. Pouco a pouco esse gesto foi ritualizado. Por isso, tal rito ganha grande força simbólica quando é feita, fora da Igreja, uma grande fogueira.

O círio pascal (depois de configurado a Cristo com a cruz, o alfa e o ômega, a inscrição dos algarismos do ano em curso, porque ele é o começo e o fim de todas as coisas, Senhor do tempo e da história) é conduzido para a porta principal da Igreja e torna-se a fonte de onde os fiéis tiram a luz de suas velas, sempre se entoando a antífona: "Eis a luz de Cristo", com a resposta do povo: "Graças a Deus", por três vezes sempre em tom ascendente. Ao pô-lo no castiçal, canta-se o *Exultet* ("exulte"), que é a solene proclamação da Páscoa. Vale a pena meditar parte desse belo canto que introduz a comunidade no mistério celebrado:

> Exulte o céu e os anjos triunfantes
> Mensageiros de Deus desçam cantando
> Façam soar trombetas fulgurantes
> À vitória de um Rei anunciando.

Alegre-se, também, a terra amiga
Que em meio a tantas luzes resplandece
E vendo dissipar-se a treva antiga
Ao sol do eterno Rei brilha e se aquece.

Que a Mãe Igreja alegre-se igualmente
Erguendo as velas deste fogo novo
E escute reboando de repente
O Aleluia cantado pelo povo.

Vemos, claramente, que essas primeiras estrofes do *Exultet* fazem um convite à alegria, evocando as três realidades que devem se alegrar: os céus, a terra e a própria Igreja. Uma perfeita harmonia entre a Igreja triunfante (nos céus) e a Igreja militante (na terra) que, juntas, cantam os louvores dessa noite santa.

Em seguida, o texto canta a noite e o que nela está se passando: ó noite que viu os hebreus libertos; só tu noite feliz soubeste a hora em que o Cristo da morte ressurgia; ó noite de alegria verdadeira; ó noite mais clara do que o dia. E, dirigindo-se ao círio:

O círio que acendeu as nossas velas
Possa esta noite toda fulgurar
Misture sua luz à das estrelas
Cintile quando o dia despontar.

Nessa estrofe vemos a evocação do firmamento, do cosmo: estrelas, noite e dia são realidades recriadas pela ressurreição de Cristo. Por isso, a luz do círio, que representa o Ressuscitado, deve misturar-se à das estrelas para cintilar mais forte ao raiar do primeiro dia da semana. Dia que o Senhor fez para nós (cf. Sl 117), dia da nova criação e de nossa libertação.

Terminada essa celebração da luz, a Igreja detém-se em meditar as maravilhas que o Senhor fez ao longo da história da Salvação através da Liturgia da Palavra, a qual se compõe do seguinte modo: sete leituras do Antigo Testamento, que formam uma unidade, todas elas com seu salmo próprio e uma oração conclusiva rezada pelo sacerdote. São elas:

Gn 1,1–2,2 (criação) e Salmo 103; Gn 22,1-18 (sacrifício de Isaac) e Salmo 15; Ex 14,15–15,1 (passagem dos israelitas pelo Mar Vermelho) e o cântico de Moisés (cf. Ex 15: "O povo em liberdade um canto entoou louvando e agradecendo ao Deus que o salvou [...]; dai graças ao Senhor que venceu os inimigos precipitou no mar o cavalo e o cavaleiro [...]; Senhor é quem vence as batalhas, o seu Nome é santo, hei de glorificá-lo"); Is 54,5-14 (mostra a relação de Deus com a humanidade como o esposo com sua esposa que, "abandonada" por um tempo, é novamente recebida com toda a sua dignidade) e Salmo 29; Is 55,1-11 (Deus faz com seu povo uma aliança eterna) e Salmo 12; Br 3,9-15.32–4,4 (Deus, a própria Sabedoria, revela-se aos homens, ele é único) e Salmo 18; Ez 36,16-17a.18-28 (Deus que derrama sobre nós uma água pura e nos dá um novo coração) e Salmo 41.

O ideal seria proclamar essas sete leituras para sentir claramente como Deus acompanhou a humanidade até realizar a salvação definitiva. Mas, se por motivos pastorais for necessário retirar algumas delas, não podemos esquecer que a primeira, sobre a criação, e a terceira, que relata a passagem dos hebreus pelo Mar Vermelho, primeira páscoa, não poderão ser suprimidas. Na ressurreição do Senhor o universo é recriado, adquirindo uma nova dignidade. Além disso, não podemos deixar de relacionar a Páscoa de Jesus com a do Antigo Testamento e com a passagem pelo Mar Vermelho, que prefigura o futuro Batismo cristão.

Deve-se, portanto, evitar as improvisações. Tudo deverá ser preparado pelas equipes de liturgia, juntamente com o sacerdote, e realizado conforme o *Missal Romano* e os *Lecionários*. Os salmos, por exemplo, poderão ter melodias simples e bonitas para que o povo possa responder às leituras de modo vibrante e com entusiasmo. Essa parte da celebração, que nos leva a uma profunda interiorização do sentido desta Noite, não deverá ser cansativa e sonolenta, mas de *vigília*. Se tiver de se fazer alguma adaptação, que sejam consultadas pessoas competentes, a fim de que não se perca o sentido litúrgico da Vigília Pascal.

Terminadas as leituras do Antigo Testamento, a Igreja se prepara para entoar, novamente, o *Glória*, que calara em toda a Quaresma, e será realizado ao toque solene dos sinos, como que fazendo uma transição para o Novo Testamento. Finalizado o canto do hino de louvor, a comunidade proclama também a Epístola de São Paulo aos Romanos 6,3-11, que trata do Batismo (devemos nos sepultar com Cristo, no Batismo, para com ele ressurgir). É a última catequese para que os catecúmenos sejam batizados e os fiéis renovem suas promessas batismais. Em seguida, é anunciado ao celebrante que chegou o alegre canto do *Aleluia*, que deverá ser entoado três vezes, sendo cada uma em tonalidade mais alta que a anterior e repetido pelo povo; segue-se a antífona própria (geralmente retirada do Salmo 117) e a repetição do *Aleluia*; então proclama-se o Evangelho da Ressurreição do Senhor conforme o ciclo de leituras: ano A (cf. Mt 28,1-10); ano B (cf. Mc 16,1-8); ano C (cf. Lc 24,1-12).

Após a homilia, que deverá ser centrada nos mistérios litúrgicos que se realizam nessa Noite Santa, mas sem esquecer o tema do Batismo e da Eucaristia, tem início a terceira parte da Vigília Pascal: a Liturgia Batismal. Aqui se faz a bênção da água batismal, se houver batismos, ou para a aspersão sobre o povo. Feita essa bênção, que será antecedida pelo canto da *Ladainha de todos os santos*, e com suas antífonas próprias, como, por exemplo: "Vi a água saindo à direita do Templo, aleluia, e todos aos quais essa água chegou foram salvos e cantam, aleluia" (texto inspirado na profecia de Ezequiel), os catecúmenos e a assembléia são convidados a renunciarem ao mal e a proferirem a fé. Em seguida, são feitos os batismos, e o povo é aspergido com a água abençoada. Nesse momento deve-se entoar um canto apropriado que trate de água, de remissão dos pecados, de Batismo.

Inicia-se, então, a quarta parte dessa solene Vigília: a Liturgia Eucarística. Como de costume, começa com a apresentação das ofertas. Os cantos, a partir daqui, deverão ser da Missa de Páscoa. Nesse dia e ao longo de toda a Oitava da Páscoa, toma-se sempre o Prefácio da Páscoa I. Quando se toma a primeira Oração Eucarística, há mementos (comunicantes) próprios para essa noite e todo o Tempo Pascal.

Após a tríplice oração sobre o povo e a bênção final previstas no *Missal Romano* para esse dia, o diácono ou sacerdote despede o povo acrescentando ao final dois aleluias, por toda a Oitava da Páscoa ("Ide em paz e o Senhor vos acompanhe, *aleluia, aleluia*!); por sua vez, a comunidade responde acrescentando dois aleluias ("Graças a Deus, *aleluia, aleluia!*").

O terceiro dia do Tríduo Pascal, o Domingo da Ressurreição, corresponde ao 1º Domingo da Páscoa. A Missa do Dia possui formulários próprios para as orações e lições. Nas celebrações matutinas lê-se sempre a narrativa da Ressurreição conforme o Evangelho de João; nas Missas da tarde sugere-se tomar o texto lucano dos Discípulos de Emaús, por haver certa coincidência cronológica com os fatos. Nesse dia canta-se a Seqüência de Páscoa, obrigatória em todas as Missas e facultativa durante a Oitava. A Seqüência é um texto poético relativo ao mistério celebrado que é executado logo após a segunda leitura e antes da aclamação ao Evangelho. A de Páscoa possui o tradicional texto em gregoriano, que em língua portuguesa se traduz da seguinte maneira e que já está musicado em várias composições populares:

Victimae Paschali laudes	Cantai, cristãos, afinal: "Salve, ó
immolent Christiani.	Vítima pascal!".
Agnus redemit oves:	Cordeiro inocente, o Cristo
Christus innocens Patri	abriu-nos do Pai o aprisco.
Reconciliavit peccatores.	Por toda ovelha imolado,
	do mundo lava o pecado.
Mors et vita duello conflixere mirando:	Duelam forte e mais forte:
	é a vida que enfrenta a morte.
Dux vitae mortuus, regnat vivus.	O Rei da vida, cativo, foi morto,
	mas reina vivo.
Dic nobis Maria, quid vidisti in via?	Responde, pois, ó Maria:
	no caminho o que havia?
Sepulchrum Christi viventis,	"Vi Cristo ressuscitado,
et gloriam vidi resurgentis.	o túmulo abandonado."
Angelicos testes, sudarium et vestes.	Os Anjos da cor do sol,
	dobrado no chão o lençol.
Surrexit Christus, spes mea:	O Cristo que leva aos céus,
praecedet suos in Galileam.	caminha à frente dos seus!
Scimus Christum Surrexisse	Ressuscitou de verdade,
a moruis vere:	ó Cristo, rei, piedade!
Tu nobis, victor Rex, Miserere.	Amém, aleluia!
Amem, alleluia!	

Com o Domingo da Ressurreição inicia-se o Tempo Pascal, que é a vivência da festa, e vai se prolongar por cinqüenta dias como se fosse um único dia de Páscoa, encerrando-se com a Solenidade de Pentecostes, que é o dom pascal, pois só podemos dizer que Jesus Cristo ressuscitou e é o Nosso Senhor no Espírito Santo. Antes da reforma do Concílio Vaticano II, esses domingos recebiam o nome de domingos *depois* da Páscoa; a reforma litúrgica mudou o título para 2º, 3º, 4º, 5º, 6º e 7º Domingo da Páscoa, a fim de demonstrar que todo esse tempo é dia de Páscoa. No Brasil o 7º Domingo da Páscoa dá lugar à Solenidade da Ascensão do Senhor e o 8º Domingo desse tempo é sempre o dia de Pentecostes. Na segunda-feira que se segue a esse dia, a Igreja retoma a celebração do Tempo Comum. Dentre esses domingos de Páscoa destacamos o segundo, a Oitava da Páscoa, também chamado pela tradição de Domingo *in Albis* ("da alvura", porque nesse domingo os batizados na noite pascal voltavam à Igreja para deporem as vestes brancas) e de Festa da Divina Misericórdia, comemoração esta instituída pelo Servo de Deus, o Papa João Paulo II, por ter em seus textos, sobretudo no Salmo 117, cantado nesse dia, a evocação da misericórdia de Deus para conosco. Ainda, encontrarmos essa mesma evocação na oração do dia: "Ó Deus de *eterna misericórdia*, que reacendeis a fé do vosso povo na renovação da festa pascal, aumentai a graça que nos destes. E fazei que compreendamos melhor o *Batismo* que nos lavou, o *Espírito* que nos deu nova vida e o *sangue* que nos redimiu". Além do tema da misericórdia, vemos aqui uma perfeita relação com os Sacramentos da Iniciação Cristã, ocorridos na Vigília de Páscoa. O Evangelho de Tomé também evoca o oitavo dia como sendo consagrado pelas aparições do Ressuscitado. Os dias da semana da Oitava da Páscoa destacam-se pelos Evangelhos, que desejam afirmar a veracidade da Ressurreição de Jesus Cristo, o Crucificado. Assim, temos na segunda-feira Mt 28,8-15: as mulheres vão ao túmulo, recebem o anúncio do Anjo, e os anciãos do povo judeu deliberam uma mentira, para que se diga que roubaram o corpo de Jesus. Na terça-feira, a liturgia apresenta o trecho de Jo 20,11-18: aparição particular à Maria Madalena. No dia seguinte temos a perícope de Lc 24,13-35, que, como já foi dito, também poderá ser lida nas Missas da tarde do Domingo de Páscoa: os discípulos de Emaús. A quinta-feira da Oitava é marcada pela continuação desse texto, Lc 24,35-48: os discípulos de Emaús narram aos apóstolos a aparição de Cristo Ressuscitado e como o reconheceram ao partir o pão. A sexta-feira é marcada pelo milagre da pesca milagrosa às margens do mar de Tiberíades (cf. Jo 21,1-14) e no sábado temos a narrativa da Ressurreição e as primeiras aparições (cf. Mc 16,9-15).

O 4º Domingo da Páscoa tem sempre o tema do Bom Pastor que dá a vida por suas ovelhas. Nesse alegre tempo da Páscoa, as leituras das Celebrações Eucarísticas são sempre retiradas do Novo Testamento, sendo a primeira dos Atos dos Apóstolos (com a intenção de mostrar os primeiros testemunhos da ressurreição de Jesus Cristo — cf. At 5,27b-32.40b-41, 3º Domingo da Páscoa-Ano C). Já a segunda leitura é sempre escolhida do Apocalipse de São João, mostrando a liturgia do céu, as núpcias do Cordeiro e nosso futuro com a visão da Cidade Santa. A maioria dos Evangelhos provém de João, que está sempre presente nos tempos litúrgicos fortes.

No Brasil, o 7º Domingo da Páscoa cede lugar à Solenidade da Ascensão do Senhor. Isso porque na quinta-feira anterior, que seria o quadragésimo dia após a Ressurreição, não é mais um feriado. Sendo assim, a Conferência dos Bispos, com aprovação da Santa Sé, transfere a celebração para o domingo seguinte a fim de que os fiéis possam participar de maneira mais plena. A antífona de entrada dessa solenidade coloca-nos dentro do Mistério celebrado e canta: "Homens da Galiléia, por que estais aí a olhar para o céu? Este Jesus que se elevou irá voltar do mesmo modo como o vistes subir. Aleluia!". E, assim, a Igreja anima nossa esperança para a volta do Senhor. Desde esse dia vivemos em um constante *Maranathá*, esperando sua volta. A primeira leitura, dos Atos dos Apóstolos, trata do acontecimento histórico, narrado por Lucas, e os Evangelhos variam conforme o ciclo: A, B e C. Essa festa não conclui o Tempo Pascal, pois somente com a vinda do Espírito Santo é que poderemos afirmar e testemunhar que Jesus Cristo ressuscitou. Por isso mesmo é que o Círio Pascal permanecerá no presbitério até as Segundas Vésperas do dia de Pentecostes. Essa celebração nos dá a certeza de que Nosso Senhor Jesus Cristo já elevou para a direita do Pai, em seu Corpo Glorioso, nossa natureza humana, elevando, assim nossa dignidade de filhos do Pai.

A Solenidade de Pentecostes, que encerra o Tempo Pascal, é precedida de uma semana de preparação em que se reza pela unidade dos cristãos e se prepara para a vinda do Espírito Santo. O invitatório (convite) do Ofício das Leituras (*Liturgia das Horas*) é próprio; o hino de Vésperas é sempre o *Veni Creator* (Oh vinde, Espírito Criador); as preces são próprias. Nas Missas, os Evangelhos são marcados pela temática de Jesus que se despede e promete a vinda do Paráclito (Consolador, Advogado).

Para a celebração da festa são propostas duas Missas, sendo uma na vigília com várias opções para a primeira leitura e a Missa do dia. Esta última também possui uma seqüência própria. Nesse dia do Divino Espírito Santo, o dom da Páscoa, é lida novamente a mesma perícope evangélica do Domingo da Ressurreição, a fim de mostrar a unidade desse tempo como um grande domingo de Páscoa e, também, porque nesse dia da Ressurreição de Jesus ele já dá o Espírito Santo aos apóstolos: "Soprou sobre eles e disse: recebei o Espírito Santo. A quem perdoardes os pecados ser-lhes-ão perdoados, a quem os retiverdes, ser-lhes-ão retidos" (Jo 20,22a-23). Vemos que Jesus institui nesse momento o sacramento da Reconciliação e liga-o ao dom do Espírito. É louvável que o ato penitencial seja substituído pelo rito da aspersão com a água abençoada na Vigília Pascal; pode-se proceder dessa maneira em todos os domingos da Páscoa, bem como nos batismos realizados nesse período.

Após as Segundas Vésperas de Pentecostes, apaga-se o círio pascal, que deverá ser guardado, com toda a reverência, no batistério, para nele se acenderem as velas dos recém-batizados ou então ser colocado ao lado do esquife nas cerimônias de exéquias (Missa diante do corpo do fiel falecido).

Nas Missas e nas Segundas Vésperas desse dia, deve-se sempre despedir o povo e dar o "Bendigamos ao Senhor" acrescido de dois *aleluias*.

a) O Tempo Comum

Esse tempo tem início na segunda-feira ou terça-feira que segue à Festa do Batismo do Senhor, é interrompido na terça-feira que antecede a

Quarta-feira de Cinzas, para a celebração do ciclo da Páscoa, e retomado na segunda-feira após a Solenidade de Pentecostes.

Antes da reforma conciliar, os domingos que antecediam a Quaresma chamavam-se: Domingo da Octogésima, Septuagésima, Sexagésima, Qüinquagésima, chegando-se, assim, até o 1º Domingo da Quaresma. E aqueles que sucediam ao dia do Espírito Santo eram chamados de domingos depois de Pentecostes, até chegar novamente o início do Ano Litúrgico, com o Tempo do Advento.

O atual Tempo Comum tem esse nome porque nele não se celebra nenhum mistério especial da vida de Jesus Cristo. É o tempo marcado pela cor verde, cheio de esperança, em que o cristão, através da participação autêntica e consciente nas celebrações dominicais, vai tomando ciência de seus deveres e convertendo-se, dia após dia, à santidade.

O domingo, conforme a Constituição sobre a Sagrada Liturgia do Concílio Vaticano II, *Sacrosanctum Concilium*, n. 106, é o núcleo do Ano Litúrgico. Por isso mesmo não deve ser tratado com outros títulos, fruto de subjetivismos (por exemplo: terceiro *encontro* da Páscoa ou primeiro *encontro* da Quaresma ou segundo *encontro* do Advento). Em primeiro lugar porque isso tira toda a força do nome e da importância do vocábulo "domingo" como o Dia do Senhor, ferindo a norma universal do nome litúrgico. Depois não se podem prever quantas vezes o fiel vai participar da Eucaristia em determinado tempo litúrgico; portanto, se for o primeiro encontro para um, pode ser o vigésimo segundo para outro que vai à Missa diariamente ou algumas vezes durante os dias da semana. Mesmo com relação aos domingos do Tempo Comum que possuem diferentes traduções em outros países, continua-se mantendo a palavra domingo. Ou seja, no Brasil dizemos domingo comum, em outros países, domingo do Tempo Ordinário, em latim, *Domingo Per Anuum*, mas sempre mantendo o mesmo vocábulo.

O 2º Domingo do Tempo Comum — Ano C traz o Evangelho das Bodas de Caná. Isso devido à sua proximidade com a Solenidade da Epifania e do Batismo do Senhor, por ser também um acontecimento em que Jesus afirma sua divindade, sua teofania. Lembremos, aqui, a antífona das Segundas Vésperas da Epifania do Senhor: "Recordamos neste dia três mistérios: hoje a estrela guia os Magos ao presépio. Hoje a água se faz vinho para as bodas. Hoje Cristo no Jordão é batizado para salvar-nos". Os anos A e B, neste domingo, tratam de João Batista. No Ano A, ele nos aponta o verdadeiro Cordeiro de Deus. Tudo gira em torno dessas primeiras manifestações da divindade de Jesus. Os outros domingos comuns vão, aos poucos e pedagogicamente, mostrando a vida dele, seus milagres e ensinamentos. Os últimos domingos desse tempo já apresentam temas escatológicos (lembram o final dos tempos ou a segunda vinda de Jesus Cristo), que culminam com a Solenidade de Nosso Senhor Jesus Cristo, Rei do Universo, celebrada no 34º Domingo Comum e último do Ano Litúrgico. Essas mesmas reflexões escatológicas, como já foi dito ao refletirmos sobre o ciclo do Natal, mantêm-se por toda a primeira parte do Tempo do Advento. Antes da reforma litúrgica, a Festa de Cristo Rei era celebrada no mês de outubro. Agora está mais bem localizada, pois encerrando o Ano Litúrgico lembra-nos do final dos tempos quando o Senhor virá, glorioso, para julgar os vivos e os mortos.

O Tempo Comum possui trinta e quatro domingos e, conseqüentemente, o mesmo número de semanas. O 1º e o 34º Domingo Comum cedem lugar à Festa do Batismo do Senhor e à Solenidade de Cristo Rei, respectivamente.

As leituras desses domingos apresentam-se em três ciclos: anos A, B e C, dedicados aos Evangelhos de Mateus, Marcos e Lucas, sucessivamente. No *Lecionário*, as primeiras leituras na quase totalidade das vezes são tiradas do Antigo Testamento e as segundas do Novo Testamento. Na maioria das vezes encontramos um casamento temático entre a primeira leitura, o Evangelho e o salmo responsorial, que recebe esse nome por ser uma resposta do Povo de Deus à primeira leitura escutada.

Ao redor desses domingos, sejam eles comuns ou dos tempos fortes, giram, como que uma coroa, o *Santoral*, cuja figura de Maria Santíssima sobressai-se de maneira eminente como tipo da Igreja, refulgindo como Rainha à direita do Filho Ressuscitado, pelos mistérios de sua Assunção aos Céus e Conceição Imaculada.

Existem três festas do Senhor que precedem os Domingos Comuns. Quando caem em determinado Domingo Comum, este cede lugar para as referidas celebrações. São elas: Apresentação do Senhor no Templo (2 de fevereiro), Transfiguração do Senhor (6 de agosto) e Exaltação da Santa Cruz (14 de setembro), todas precedidas de Primeiras Vésperas para a celebração da *Liturgia das Horas*.

Quanto às demais, somente as solenidades suplantam os Domingos Comuns. Se esses forem dos tempos fortes, tais celebrações são adiadas ou antecipadas. Por exemplo, se a Solenidade da Anunciação do Senhor (25 de março) cair na Semana Santa, é transferida para a segunda-feira após a Oitava da Páscoa; se a Solenidade de São José (19 de março) ocorrer em um domingo da Quaresma, é antecipada para o sábado. No Brasil, com permissão da Santa Sé (Sagrada Congregação para o Culto Divino) e por ser muito celebrada entre os brasileiros, se a Solenidade da Imaculada Conceição cair em um domingo do Advento, é celebrada, mas na homilia o celebrante deve enfatizar o sentido da festa dentro desse precioso tempo de preparação para a vinda do Senhor.

Os dias feriais (da semana) do Tempo Comum apresentam, na Missa, as leituras da seguinte maneira: a primeira leitura em dois ciclos (anos pares e anos ímpares), geralmente, leituras contínuas ou semicontínuas do Antigo e do Novo Testamento. Os Evangelhos são sempre os mesmos.

As solenidades do Senhor no Tempo Comum

Mesmo dentro do Tempo Comum, a Igreja celebra quatro solenidades do Senhor que possuem datas móveis porque variam de acordo com a Páscoa. Alguns liturgistas chamam-nas de festas temáticas porque a Sagrada Liturgia não faz memorial de temas, e sim de fatos históricos da vida de Jesus, de Nossa Senhora e dos santos. Mas a Igreja achou por bem celebrá-las, pois, de certo modo, estão ligadas a fatos históricos, mesmo que já tenham sido comemorados em datas mais significativas dos tempos fortes. O que as torna litúrgicas é sua celebração na Eucaristia, centro da liturgia. Elas possuem formulários próprios tanto para a parte eucológica (orações) do *Missal Romano*, como para as leituras no *Lecionário*.

A Solenidade da Santíssima Trindade

Celebrada no domingo que segue ao dia de Pentecostes, constitui como que um fechamento da revelação de Deus, através de seu mistério, aos homens. Toda celebração litúrgica começa e termina em nome da Trindade Santa, e o fato histórico da revelação trinitária foi o Batismo do Senhor, em que se ouve a voz do *Pai*, se vê o *Espírito* pairar em forma de pomba sobre o *Filho*, o qual acaba de receber o Batismo para santificar o nosso.

Para desenvolver, catequeticamente, a temática de um Deus Uno e Trino, a Igreja celebra esse dia com antífonas e leituras próprias tanto na *Liturgia das Horas* como na Missa. Vejamos alguns exemplos: antífonas das Primeiras Vésperas: "Glória a vós, Trindade Santa, um só Deus em três Pessoas desde sempre, neste instante, e nos séculos sem fim". "Sede bendita, ó Santíssima Trindade e indivisa Unidade. Nós vos louvamos, pois foi grande para nós vosso amor e compaixão". "Seja a Deus glória e louvor na Unidade da Trindade: Pai e Filho e Santo Espírito, pelos séculos sem fim!" Para o Cântico de Zacarias (*Benedictus*) em Laudes (Ofício da Manhã), diz-se: "Sede bendita, ó Trindade indivisível, agora e sempre e eternamente pelos os séculos, vós que criais e governais todas as coisas". A liturgia deseja afirmar uma verdade de fé ao cantar seus eternos louvores à Trindade Indivisa.

Na Missa, as orações, leituras e Evangelho enlevam esse mistério através, sobretudo, dos fundamentos das Sagradas Escrituras. A oração do dia ou coleta (que recebe esse nome por ter a finalidade de coletar os pedidos e anseios da comunidade celebrante) revela as Três Pessoas da Santíssima Trindade como uma profissão de fé: "Ó *Deus*, *nosso Pai*, enviando ao mundo a *Palavra da verdade* e o *Espírito santificador*, revelastes o vosso inefável mistério. Fazei que, professando a verdadeira fé, reconheçamos a glória da Trindade e adoremos a Unidade onipotente". Já as leituras dispostas em três ciclos (anos A, B e C) encaminham-se para a revelação desse mistério. No ano A temos o Evangelho de João 3,16-18, que trata do amor de Deus pelo mundo a ponto de enviar seu próprio Filho para que todo aquele que nele crê não seja condenado, pois ele veio para salvar. No ano B, temos Mt 28,16-20: Jesus envia os apóstolos a batizar em nome da Santíssima Trindade. No ano C meditamos Jo 16,12-15, em que Jesus promete o Espírito da verdade que ele enviará juntamente com o Pai.

A Solenidade do Corpo e Sangue de Cristo (Corpus Christi)

Essa solenidade é celebrada na quinta-feira depois do domingo da Santíssima Trindade. O fato histórico desse mistério ocorreu na Quinta-feira Santa, dia da instituição da Eucaristia, mas, para combater a Reforma Protestante, a Igreja em sua Contra-Reforma propôs a comemoração anual, em outra data, já que dentro do Tríduo Pascal não se poderia fazer com muita solenidade devido à celebração iminente da Paixão do Senhor.

Grande parte da *Liturgia das Horas* desse dia foi composta por Santo Tomás de Aquino. O hino das Vésperas que se conclui, em suas duas últimas estrofes, com o tradicional *Tão Sublime Sacramento* é o que há de mais próprio para se cantar na transladação do Santíssimo Sacramento ao fim da Missa *In Coena Domini* na Quinta-feira Santa, pois evoca todo o fato histórico de que se faz memória nesse dia:

Vamos todos louvar juntos
O mistério do amor,
Pois o preço deste mundo
Foi o sangue redentor,
Recebido de Maria,
Que nos deu o Salvador.

Veio ao mundo por Maria,
Foi por nós que ele nasceu.
Ensinou sua doutrina,
Com os homens conviveu.
No final de sua vida,
Um presente ele nos deu.

Observando a Lei mosaica,
Se reuniu com os irmãos.
Era noite. Despedida.

Numa ceia: refeição.
Deu-se aos doze em alimento,
Pelas suas próprias mãos.

A Palavra do Deus vivo
Transformou o vinho e o pão
No seu sangue e no seu corpo
Para a nossa salvação.
O milagre nós não vemos,
Basta a fé no coração.

Tão sublime Sacramento
Adoremos neste altar,
Pois o Antigo Testamento
Deu ao Novo seu lugar.
Venha a fé por suplemento
Os sentidos completar.

Ao Eterno Pai cantemos
E a Jesus, o Salvador.
Ao Espírito exaltemos,
Na Trindade, eterno amor.
Ao Deus Uno e Trino demos
A alegria do louvor. Amém.

Esse belo hino traduz e atualiza tudo o que a liturgia deseja vivenciar nesse dia: expor a verdadeira doutrina do Santíssimo Sacramento do altar, que o pão e o vinho consagrado são, verdadeiramente, o Corpo e o Sangue de nosso Redentor. As antífonas e leituras da *Liturgia das Horas* seguem esse pensamento.

A Celebração Eucarística também se apresenta com três ciclos de leitura. No ano A o Evangelho toma a perícope de Jo 6,51-58: Jesus, em seu discurso eucarístico, mostra-se como verdadeira comida e verdadeira bebida. O ano B apresenta o texto de Mc 14,12-16.22-26, em que Jesus envia discípulos para preparar em um lugar determinado a Ceia Pascal, para a qual ele irá dar um novo sentido (vale lembrar que esse Evangelho é, também, meditado na Quarta-feira Santa devido à proximidade cronológica com a instituição da Eucaristia). Já no ano C, a Igreja apresenta-nos o trecho de Lc 9,11b-17, que trata do milagre da multiplicação dos pães e dos peixes. Essa solenidade, assim como no dia de Páscoa e em Pentecostes, apresenta uma seqüência própria para ser cantada logo após a segunda leitura. A oração do dia, como em todas as outras, evoca a doutrina da festa celebrada e é uma das poucas orações de coleta dirigidas ao Filho: "Senhor Jesus Cristo, neste admirável sacramento nos deixastes o memorial da vossa paixão. Dai-nos venerar com tão grande amor o mistério do vosso Corpo e do vosso Sangue, que possamos colher continuamente os frutos da vossa redenção". É com essa oração que a Igreja também dá a Bênção do Santíssimo Sacramento.

A Solenidade do Sagrado Coração de Jesus

Comemorada na Sexta-feira da semana seguinte ao dia de *Corpus Christi*, deseja enfocar o amor de Jesus ao extremo pela humanidade. É claro que, historicamente, é na Sexta-feira da Paixão que esse mistério é atualizado. O coração é invocado simplesmente como símbolo do amor. O que não deve ser esquecido é que ele foi transpassado e tornou-se fonte de vida para a Igreja ao despejar sobre aqueles que estavam ao pé da cruz e sobre nós, hoje, aquela fonte de água e sangue que jorra para a vida eterna. Na *Liturgia das Horas* destacamos o responso breve das segundas vésperas: "Jesus Cristo nos amou e em seu sangue nos lavou. Fez-nos reis e sacerdotes para Deus, o nosso Pai". Também destacamos a antífona do *Magnificat* (cântico de Nossa Senhora) para essa hora canônica: "O Senhor nos acolheu em seu regaço e Coração, fiel ao seu amor. Aleluia". São textos que sempre condizem com o momento litúrgico comemorado.

Como acontece com as outras solenidades do Senhor no Tempo Comum, a Missa se apresenta em três ciclos de leituras, anos A, B e C, mas com a mesma oração do dia, que possui duas opções. A primeira é: "Concedei, ó Deus todo-poderoso, que, alegrando-nos pela Solenidade do Coração do Vosso Filho, meditemos *as maravilhas de seu amor* e possamos receber, desta fonte de vida, uma torrente de graças". Quanto às lições, temos no ano A o trecho evangélico de Mt 11,25-30: Jesus apresentando-se como manso e humilde de coração. O ano B caracteriza-se pela perícope de Jo 19,31-37: Jesus morto e suspenso na cruz recebe o golpe de lança em seu lado que transborda, como fonte de vida, em sangue e água. No ano C, Lc 15,3-7 mostra Jesus contando a seus discípulos a parábola da ovelha perdida. O amor do Senhor é tão grande que faz grande festa quando encontra a ovelha desgarrada.

A Solenidade de Nosso Senhor Jesus Cristo, Rei do Universo

Essa solenidade localiza-se no último domingo do Ano Litúrgico (34º Domingo Comum), tendo por finalidade aprofundar a realeza de Cristo e o tema da parusia (segunda vinda). Quanto à realeza de Cristo, historicamente já foi celebrada na liturgia do Domingo de Ramos e da Paixão. Mas a Igreja achou por bem que, no final de mais um ciclo litúrgico, os fiéis meditassem seu futuro e a repentina vinda do Senhor. Na *Liturgia das Horas* encontramos as antífonas próprias que dão realce a essa celebração: "Rei da paz será chamado, e seu trono é inabalável". "O seu reino é reino eterno, e os reis de toda a terra hão de servi-lo e obedecer-lhe". "A Cristo foi dado o poder e a honra; e todos os povos e tribos e línguas haverão de servi-lo por todo o sempre." Destacamos, ainda, a antífona do Cântico Evangélico das primeiras vésperas, que é tirado da Sagrada Escritura: "O Senhor Deus vai dar-lhe o trono de seu pai, o rei Davi; reinará eternamente sobre a casa de Jacó, e sem fim será o seu reino, aleluia".

Como nas solenidades anteriores, na Missa também temos os três ciclos de lições. O ano A apresenta Jesus realizando o julgamento final do mundo e colocando uns à direita e outros à esquerda (cf. Mt 25,31-46). Os da direita escutam o texto que todos nós desejamos ouvir um dia da boca de nosso Redentor: "Vinde, benditos de meu Pai! Recebei como herança o Reino que meu Pai vos preparou desde a criação do mundo". E o motivo da conquista do Reino é o amor ao próximo. Já no ano B, a liturgia apresenta-nos o Evangelho de Jo 18,33b-37: Jesus diante do poder humano, representado ali por Pilatos, respondendo à sua pergunta: "Tu és o rei dos judeus?". Jesus proclama solenemente: "O meu reino não é deste mundo. Se o meu reino fosse deste mundo, os meus guardas lutariam para que eu não fosse entregue aos judeus. Mas o meu reino não é daqui [...]. Tu o dizes: eu sou rei. Eu nasci e vim ao mundo para isto: para dar testemunho da verdade. Todo aquele que é da verdade escuta a minha voz". O ano C, Lc 23,35-43, apresenta Jesus suspenso na cruz respondendo ao "bom ladrão": "Em verdade eu te digo: ainda hoje estarás comigo no Paraíso". Mostrando ainda o letreiro que havia em cima da cruz do Senhor: "Este é o Rei dos judeus". A oração do dia traz o seguinte texto: "Deus eterno e todo-poderoso, que dispusestes restaurar todas as coisas no vosso amado Filho, Rei do Universo, fazei que todas as criaturas, libertas da escravidão e servindo à vossa majestade, vos glorifiquem eternamente". E, para concluir, não poderíamos deixar de mencionar o prefácio desta solenidade, o qual nos mostra o verdadeiro tipo de reino que Jesus já quer implantar aqui na terra e que se tornará pleno quando ele voltar: "Reino da verdade e da vida, reino da santidade e da graça, reino da justiça, do amor e da paz".

b) O *Santoral*

Também chamado de *Martirológio* (de mártir, testemunho), o *Santoral* — que antes da reforma litúrgica do Concílio Vaticano II chegava a suplantar os domingos mas que agora está em seu devido lugar — gira como uma coroa em torno do centro: Jesus Cristo e seu mistério pascal. Só podemos entender os santos se estiverem conectados à essa realidade.

A celebração do *Santoral*, tanto na Missa quanto na *Liturgia das Horas*, apresenta-se com a seguinte hierarquia: em primeiro lugar as festas da Dedicação das Igrejas, por serem consideradas do Senhor, seguidas das comemorações de Nossa Senhora, dos apóstolos, mártires, pastores, doutores, virgens, santos e santas (educadores, religiosos e os que exercem obras de misericórdia). Essas celebrações podem ser próprias, quando há formulários (orações e leituras) diretamente ligados à vida de determinado santo ou comuns a seu estado de vida na terra, ou seja, um modo mais geral de celebração. Veremos um pouco, passo a passo, essa hierarquização.

A comemoração da Dedicação das Igrejas e Consagração dos Altares sempre foi celebrada com muita solenidade pelo rito romano-latino, pois o Senhor é o verdadeiro Templo e Altar. Inspirado na dedicação do Templo de Jerusalém e dos lucernários (celebração da luz), realizados pelas famílias judias ao cair da tarde, o atual *Rito da Dedicação das Igrejas* evoca o templo de pedra como símbolo de todo cristão, o verdadeiro templo vivo de Deus, que se torna iluminado no dia do Batismo. A consagração do altar lembra Cristo, a pedra angular da Igreja. Por isso, só se devem consagrar altares feitos de pedra e fixos. Comemora-se essa solenidade no dia da dedicação da própria Igreja, como também no aniversário da própria dedicação, sempre com as Primeiras Vésperas.

Seguindo essa comemoração, não há outras festas mais significativas no *Santoral* do que aquelas dedicadas à Mãe de Jesus Cristo e nossa, que tem como solenidades principais Imaculada Conceição (8 de dezembro) e Bem-aventurada Assunção (15 de agosto). Em Maria, a cheia de graça, a Igreja reconheceu a toda santa e imune de qualquer mancha do pecado, enriquecida, desde o primeiro instante de sua conceição, com os esplendores de uma santidade singular, conforme afirma o número 56 da Constituição Dogmática *Lumen Gentium*, sobre a Igreja no mundo de hoje, do Concílio Vaticano II.

A outra solenidade de destaque da Virgem Maria é sua Assunção aos céus em corpo e alma. No Brasil, essa solenidade não é feriado. Por isso, é transferida para o domingo seguinte, permitindo aos fiéis acorrerem às celebrações com maior disponibilidade de tempo. Nesse dia comemora-se o mistério pascal do Filho inserido na pessoa da Mãe. O Apocalipse 12,1 faz menção de "uma mulher vestida de sol". A Igreja sempre interpretou esse texto como figura dela mesma e de Nossa Senhora, sua Mãe. A Assunção da Virgem Maria aos céus constitui uma grande antecipação do cumprimento definitivo de todas as coisas em Deus, como nos diz São Paulo na Primeira Carta aos Coríntios 15,24.28: "Depois virá o fim, quando (Cristo) entregar o Reino a Deus Pai [...], a fim de que Deus seja tudo em todos". Essa mulher é rainha do universo, pois traz a lua debaixo dos pés e uma coroa de doze estrelas sobre a cabeça. Sua realeza provém da de seu Filho. É ele que transmite à sua Mãe essa prerrogativa, ela que o gerou na carne. Assim, como uma mãe, à semelhança de Maria, a Igreja gera filhos para a vida divina, através do Batismo, e seus filhos e filhas são, constantemente, ameaçados pelo ódio do dragão (cf. Ap 12,3), que é satanás. Por isso devemos confiar na intercessão materna da Mãe da Igreja para que nos livre das tentações do maligno. Esse dia da Assunção de Maria já é atestado em um lecionário de Jerusalém de meados do século V como *Dia de Maria* e celebrado em 15 de agosto. No século VII já havia uma celebração em Roma nesse mesmo dia com o título de *Natale Santae Marie* ("Natal de Santa Maria"). No *Sacramentário gregoriano*, enviado pelo Papa Adriano I (772-795) ao imperador Carlos Magno, o título da festa é Assunção de Santa Maria. Na primeira oração, que devia ser pronunciada no início da procissão, já se afirma que a Mãe de Deus morreu, mas não pôde ser retida pelos laços da morte. Desde cedo a festa foi dotada de uma vigília, que permanece, e de uma oitava, que foi supressa, pois na atual apresentação do Ano Litúrgico só ficaram duas oitavas festivas: a do Natal e a da Páscoa. Essa solenidade adquiriu um significado especial com a definição dogmática da Assunção corporal de Maria aos céus, definida pelo Papa Pio XII em 1º de novembro de 1950. A liturgia desse dia toma como Evangelho o da Visitação de Nossa Senhora à Isabel, por causa do *Magnificat* e de sua tonalidade toda especial: um canto de louvor da gloriosa Mãe de Jesus Cristo a Deus que a elevou por sua humildade. O prefácio faz uma reflexão teológica ao afirmar o mistério que está sendo celebrado: "Hoje, a Virgem Maria, Mãe de Deus, foi elevada à glória do céu. Aurora (início) e esplendor da Igreja triunfante, ela é consolo e esperança para o vosso povo ainda em caminho, pois preservastes da corrupção da morte aquela que gerou, de modo inefável, vosso próprio Filho feito homem, autor de toda a vida".

Celebramos, ainda, em grau de festa, o dia da Natividade de Nossa Senhora (8 de setembro). Aliás, depois do nascimento do Salvador, a Igreja só celebra mais duas natividades, essa dedicada à sua Mãe e a de seu precursor, São João Batista (24 de junho), que é celebrada três meses depois da Anunciação do Senhor (25 de março), para ser fiel ao dado escriturístico que diz: "No sexto mês da gravidez de Isabel, o Anjo Gabriel foi enviado" (Lc 1,26). Em todos os demais dias festivos do *Santoral* se celebra o nascimento para o céu, ou seja, o dia da morte terrena ou outras datas ligadas fortemente à vida de cada um. É tradição na Igreja celebrar as memórias de Nossa Senhora no sábado, nas vésperas do domingo, já que ela é a aurora que antecede o dia. Recentemente, o Servo de Deus João Paulo II elevou a memória de Nossa Senhora do Carmo (16 de julho) ao grau de festa, para enfatizar o lado monástico da Mãe de Deus, mulher de escuta, meditação e oração. Encontramos, ainda, no calendário litúrgico, por influência do "Protoevangelho de Tiago", a memória da Apresentação de Nossa Senhora (21 de novembro). O mesmo Santo Padre exorta-nos com relação ao culto à Virgem Maria e aos títulos que a piedade cristã lhe atribuiu: "Tendo recebido de Cristo a salvação e a graça, a Virgem é chamada a desempenhar um papel relevante na redenção da humanidade. Com a devoção mariana os cristãos reconhecem o valor da presença de Maria no caminho rumo à salvação, recorrendo a Ela para obter todo o gênero de graças. Eles sabem, sobretudo, que podem contar com sua intercessão materna, para receber do Senhor quanto é necessário ao desenvolvimento da vida divina e à obtenção da salvação eterna. Como atestam os numerosos títulos atribuídos à Virgem e as peregrinações ininterruptas aos santuários marianos, a confiança dos fiéis na Mãe de Jesus impele-os a invocá-la nas necessidades quotidianas. Eles estão certos de que seu coração materno não pode permanecer insensível às misérias materiais e espirituais dos seus filhos. Deste modo a devoção à Mãe de Deus, estimulando à confiança e à espontaneidade, contribui para aplacar o clima da vida espiritual e faz com que os fiéis progridam na via exigente das bem-aventuranças" (JOÃO PAULO II, *A Virgem Maria*, p. 167).

Na mesma obra, João Paulo II afirma também que um dos cantos mais antigos a Nossa Senhora e que remonta aos primeiros séculos da Igreja é o: *Sub tuum praesidium comfugimus, Sancta Dei Genitrix: nostra deprecationes ne despicias in necessitatibus: sed a periculis cunctis libera nos sempre, Virgo gloriosa et benedicta* ("Sob tua proteção nos refugiamos, Santa Mãe de Deus: não desprezes nas necessidades nossas culpas: mas de todos os perigos liberta-nos sempre; ó Virgem gloriosa e bendita!"). A comunidade primitiva e dos primeiros séculos já prestava um culto perfeito à Mãe de Deus, invocando-a como auxiliadora, advogada, intercessora e medianeira.

Com exceção da Solenidade de São Pedro e São Paulo, colunas da Igreja (29 de junho, no Brasil, transferida para o domingo seguinte, pelo mesmo motivo ocorrido na Assunção de Nossa Senhora), todos os outros apóstolos e evangelistas são celebrados em grau de festa. O restante do *Santoral* — ou seja, a celebração dos mártires, pastores, doutores, virgens, santos e santas (educadores, religiosos ou os que exerceram obras de misericórdia) — é celebrado conforme o costume da região; se a Igreja Universal os celebra como festa ou memória, dependendo do lugar, elevar-se-á ao grau de solenidade, por exemplo, se for o padroeiro(a) de uma diocese, paróquia ou o fundador de uma ordem religiosa. Aquilo que não tiver de próprio, especificamente relacionado à vida de determinado santo ou santa, pode-se escolher dos formulários comuns, tanto na Missa como na *Liturgia das Horas*, conforme a relação apresentada antes.

Antes da reforma conciliar, as celebrações do *Santoral* no Ano Litúrgico eram tidas como festa da primeira, segunda e terceira classe, conforme o grau de importância. Hoje temos, como já fizemos menção várias vezes, as solenidades, as festas e as memórias, que poderão ser obrigatórias ou facultativas (ligadas à determinada região ou devoção).

Nas solenidades, durante a Missa, canta-se o *Glória*, diz-se a Profissão de Fé (Credo) e as preces comunitárias. A *Liturgia das Horas* das solenidades deverá ser precedida de Primeiras Vésperas e no Ofício das Leituras canta-se o *Te Deum* (*A vós, ó Deus, nós louvamos*) e proclama-se o Evangelho; o mesmo ocorre com as festas, sendo que *sem* Primeiras Vésperas e na Missa diz-se apenas o *Glória* e nunca o Creio e as preces. Tanto nas solenidades como nas festas as leituras deverão ser sempre próprias ou, no caso de não tê-las no *Lecionário*, deve-se buscar nos formulários comuns as que mais se aproximem da vida e obras do santo celebrado.

Com relação às memórias, as celebrações são bem mais simples. Na Celebração Eucarística, faz-se a recitação das três orações (do dia, sobre as oferendas e depois da comunhão) próprias ou tiradas dos comuns e cantos apropriados. Na *Liturgia das Horas*, a partir da leitura breve, ou seja, responso, antífona do canto evangélico, preces e oração, recita-se o que é próprio ou comum do referido dia do *Santoral*.

3.

O Canto nas Celebrações Litúrgicas

Na Instrução *Liturgiam Autenticam*, em seu n. 108, encontramos: "Os cantos e os hinos litúrgicos constituem elementos de importância e eficácia particulares. Sobretudo no domingo, o dia do Senhor, os cantos dos fiéis reunidos para a celebração da Missa não são menos importantes que as orações, as leituras, a homilia, para a comunicação autêntica da mensagem da liturgia, pois fomentam o sentido da fé comum e da comunhão da caridade. A fim de estarem mais difundidas entre os fiéis, é preciso que sejam bastante estáveis, de modo a evitar a confusão entre o povo".[1]

Na carta do Santo Padre João Paulo II sobre a música sacra, encontramos a seguinte referência no n. 5b: "A música litúrgica deve, de fato, responder a seus requisitos específicos: a plena adesão aos textos que apresenta, a consonância com o tempo e o momento litúrgico para o qual é destinada, a adequada correspondência aos gestos que o rito propõe".[2] As celebrações litúrgicas deverão ter uma expressão musical própria de acordo com a realidade celebrada, manifestando sentimentos de louvor, ação de graças, súplica, alegria.

Santo Agostinho já afirmava que quem canta reza duas vezes. Assim, o canto bem preparado, em concordância com o mistério do dia ou do tempo litúrgico, e bem executado é uma fonte de graça para a vida interior da comunidade. Ao cantarmos em concordância de mente e de voz (cf. *Regra de São Bento* 19,7), unimo-nos ao canto da liturgia celeste como uma única Igreja, já antegozando nosso futuro.

a) O canto na Celebração Eucarística

Além das partes fixas do Ordinário da Missa que poderão ser cantadas, sobretudo nas solenidades e festas — ato penitencial, hino de louvor (*Glória*), Profissão de Fé (Credo), *Santo* e o *Cordeiro de Deus* —, têm-se as antífonas próprias para a entrada dos celebrantes e para a

---

[1] CONGREGAÇÃO PARA O CULTO DIVINO E A DISCIPLINA DOS SACRAMENTOS. *Liturgiam Autenticam*. Sedoc, n. 2.888, set./out. 2001.

[2] JOÃO PAULO II, Quirógrafo do Sumo Pontífice João Paulo II no centenário do Motu Proprio *Tra le Sollecitudini* sobre a música sacra. *L'Osservatore Romano*, 13.12.2003.

comunhão. O canto para a apresentação das ofertas surge por ser um momento em que o celebrante faz orações secretas (em voz baixa, ou mesmo mental).

O *canto ou antífona de entrada* (intróito) tem por finalidade dar início à celebração, criar o clima que irá promover a união orante da comunidade, introduzindo-a no mistério do Tempo Litúrgico ou da festa do dia. Por isso, pode ser útil prolongar a duração desse primeiro canto para que os fiéis tenham a idéia da unidade temática daquilo que vai ser comemorado. Esse canto de abertura acompanha também a entrada do sacerdote e dos ministros. Onde for possível, é conveniente que se faça uma verdadeira procissão de entrada.

O *ato penitencial* é um momento importante da celebração, valorizado por uma salutar criatividade. Tem como função preparar a assembléia para ouvir a Palavra de Deus e para celebrar dignamente os santos mistérios. Deverá, portanto, evocar o nome do Senhor e o de Cristo, sempre suplicando que tenha piedade de nós. Esse trecho é o único do Ordinário da Missa que permaneceu na língua grega: *Kyrie eleison* ("Senhor, tende piedade").

Em seguida, se for um domingo que não seja do Advento ou da Quaresma e nas solenidades ou festas, deve-se entoar o *Glória*. Esse canto sempre deverá evocar a Santíssima Trindade: o louvor do Pai, do Filho e do Espírito Santo. O ideal é, como já se faz em muitos lugares, criar melodias para o texto completo conforme se encontra no *Missal Romano*.

Entre as leituras, canta-se um salmo, que é uma resposta aos apelos da primeira leitura, favorecendo a meditação da palavra escutada. O *salmo responsorial* é parte integrante da Liturgia da Palavra; deveria ser sempre cantado por um solista e acompanhado pela assembléia, a qual repete o refrão tirado do próprio texto do salmo ou do tema do dia. Os antigos cantos de meditação não substituem a função do salmo de resposta na Celebração da Eucaristia.

O canto de *aclamação ao Evangelho*, exceto na Quaresma, deverá ser sempre o *Aleluia* acompanhado de uma antífona tirada do Evangelho do dia ou de um texto que evoque o momento litúrgico celebrado.

Aos domingos e nas solenidades deve-se cantar ou recitar a *Profissão de Fé*. Se for cantada, deve-se atentar para a fidelidade ao texto. O canto gregoriano apresenta várias propostas. O mais usual é o Credo III proposto pelo *Kyriake Romano* (compêndio onde se encontram os cantos das partes fixas da Missa, com várias propostas e melodias compostas ao longo dos séculos).

O canto para a *apresentação das ofertas* — e não do ofertório, pois o verdadeiro ofertório da Missa se encontra inserido na Oração Eucarística, após a consagração, quando o próprio Cristo é oferecido ao Pai — acompanha a procissão das oferendas e se prolonga pelo menos até que tenham sido postas sobre o altar. O canto não deve necessariamente tratar de oferendas, mas poderá recordar a vida do povo, suas alegrias, tristezas e trabalhos, ou simplesmente se harmonizar com a celebração do mistério do dia.

Inserido no prefácio, que expressa a ação de graças, o louvor a Deus por toda a sua obra salvífica acaba com a aclamação do *Santo*, inspirado no profeta Isaías, do Deus três vezes santo. Encontramos, hoje, inúmeras e belas melodias. Devemos ter sempre a preocupação de cantar o texto bíblico conforme está no *Missal*: "Santo, santo, santo é o Senhor Deus do universo, o céu e a terra proclamam a vossa glória, hosana nas alturas. Bendito o que vem em nome do Senhor, hosana nas alturas". É claro que o texto poderá ser, eventualmente, modificado para favorecer a compreensão ou a criação melódica (por exemplo, em vez de "hosana nas alturas", pode-se dizer "hosana no mais alto do céu").

A *doxologia* final ou louvor (glória) final, que conclui a Oração Eucarística, deverá ser cantada ou recitada somente pelo sacerdote ou concelebrantes. O povo, por sua vez, dá sua adesão cantando o *Amém*. Em algumas celebrações, a resposta do povo ("amém") nem sempre é escutada. Isso compromete o significado litúrgico da Missa, que, no verdadeiro sentido litúrgico, acaba aqui, pois o sacrifício já foi oferecido ao Pai. O que vem depois são os ritos de comunhão e de despedida.

Durante a fração do pão, deve-se entoar o *Cordeiro de Deus*, que é um canto sacrifical ao Cristo que se imola e um novo pedido de perdão por parte da comunidade momentos antes de ela recebê-lo no sacramento:

"Tende piedade de nós". Devido aos excessos e ao alvoroço que se faz em algumas celebrações com o gesto da paz, quase sempre acompanhado de cantos intermináveis, perde-se totalmente o sentido do canto sacrifical do *Cordeiro*, que acaba sendo feito, de maneira solitária, pelo celebrante; por isso, na medida do possível, deveria ser cantado e mais valorizado. A respeito disso, o Santo Padre Bento XVI[3] pede que o abraço da paz seja mais moderado e propõe sua troca de lugar para antes da apresentação das ofertas, inspirando-se na perícope evangélica que nos orienta a, antes de deixar nossa oferta diante do altar, reconciliar-nos com o próximo.

Enquanto o(s) sacerdote(s) e os fiéis recebem a Eucaristia, entoa-se o *canto de comunhão*, que exprime a unidade espiritual entre os comungantes, demonstrando a alegria de participar da mesa do Senhor. Esse canto poderá evocar o tema do Corpo e do Sangue de Cristo, da unidade, ou, ainda, ser a antífona de comunhão proposta pelo *Missal Romano*, geralmente tirada do Evangelho do dia e acompanhada de um salmo adequado. O canto começa quando o(s) sacerdote(s) comunga(m), prolongando-se enquanto os fiéis estão recebendo o Corpo de Cristo. Acabado esse canto, é importante o silêncio litúrgico.

O *canto final* ou de despedida, embora não previsto pelo *Missal Romano*, poderá ser cantado, sempre lembrando a missão do cristão no mundo, em seu cotidiano e, ainda, podendo evocar o dia litúrgico.

O Hinário Litúrgico *da CNBB*

Apresentamos e sugerimos aqui, para as Celebrações Eucarísticas, os quatro fascículos do *Hinário Litúrgico* da CNBB, cujas melodias estão profundamente enraizadas no mistério de Cristo que se vivencia nos diversos momentos do Ano Litúrgico, levando em consideração o tempo e o dia celebrado. Vale lembrar o texto que introduz cada volume, o qual se apresenta como uma verdadeira catequese litúrgica.

O 1º fascículo, que trata do Advento e do Natal com partes para o Ordinário da Missa, traz textos e melodias tradicionais desse período do Ano Litúrgico, como *Jerusalém, povo de Deus, Igreja Santa*; *Abre*

---

[3] Cf. BENTO XVI, Exortação Apostólica Pós-Sinodal *Sacramentum Caritatis*. São Paulo, Paulinas, 2007. n. 49 (nota de rodapé 150).

as portas, deixa entrar o Rei da Glória; *Eu te saúdo, cheia de graça*; *Nasceu-nos hoje um Menino*; *Da cepa brotou a rama*. Apresenta textos e melodias condizentes com o tempo litúrgico e divide o Tempo do Advento em seus três ciclos: ano A, B e C. Traz, também, belos prefácios com letra e melodia populares, mas de bom gosto e com fidelidade aos textos bíblicos. Esse volume encerra-se com as Missas da Epifania e do Batismo do Senhor.

O 2º fascículo é composto de melodias próprias para o Tempo da Quaresma, Semana Santa, Páscoa e Pentecostes. Após a Quarta-feira de Cinzas, os cinco domingos da Quaresma seguintes, a celebração do Domingo de Ramos e da Paixão do Senhor, o Domingo da Páscoa e o da Ascensão do Senhor são apresentados em seus ciclos de ano A, B e C, sempre com antífonas de entrada e de comunhão fiéis ao que é proposto pelo *Missal Romano*. As celebrações que não apresentam ciclo de três anos (o Tríduo Pascal e o Domingo de Pentecostes) também têm cantos bem apropriados, conforme as normas da liturgia romana. Enfatizamos, nesse volume, as belas melodias para o canto da Paixão do Senhor, as Lamentações do profeta Jeremias para o momento da Adoração da Cruz na Sexta-feira Santa e a melodia dos salmos para todas as leituras propostas para a Vigília Pascal.

O 3º fascículo trata do Tempo Comum, anos A, B e C, com os cantos de entrada, salmos, aclamação ao Evangelho e de comunhão, sempre conforme o *Missal Romano*, ligados ao Evangelho do dia e com os salmos responsoriais musicados.

O 4º fascículo trata dos sacramentos, das missas próprias dos santos e para as diversas necessidades.

Algumas orientações da CNBB

A CNBB, por meio de seu Estudo n. 87 (2003), sugere a revisão das Missas da Campanha da Fraternidade, pois, sendo totalmente temáticas, comprometem o repertório quaresmal em seu sentido mais amplo. Propõe Missas próprias para a Quaresma conforme o *Missal* e os *Lecionários* e um hino em torno do tema da campanha para ser executado como arremate da homilia ou nos ritos finais.

Nessa mesma obra, a CNBB incentiva, ainda, que a cada dois anos se faça um encontro nacional de músicos litúrgicos e pessoas engajadas na arte da composição musical (letristas e/ou compositores) e que os setores regionais de canto litúrgico se articulem com outros regionais a fim de promoverem encontros anuais de agentes de pastoral da música, sempre com o assessor nacional do setor de música da CNBB.

b) Os hinos na *Liturgia das Horas*

Conforme a Introdução Geral à *Liturgia das Horas* (IGLH), esse tipo de oração oficial e comunitária da Igreja tem a seguinte natureza:

- é celebração pública e comum do Povo de Deus — não só privilégio de clérigos e religiosos (cf. nn. 20-27, 30 e 40);

- é oração de louvor — dimensão ascendente da liturgia (cf. nn. 15, 16 e 185);

- é uma oração horária que deseja ser fiel à verdade do tempo — *veritas temporis* (cf. nn. 1, 2, 10, 11 e 12);

- destina-se à santificação do homem — dimensão descendente da liturgia (n. 14).

Conforme essa natureza, como parte integrante de cada hora a ser rezada, os hinos aparecem para abrir o Ofício Divino e, como na Missa, deverão estar sempre em conformidade com o tempo e o dia litúrgico celebrado. Cantamos e louvamos com os anjos, sem cessar, para a glória da Santíssima Trindade, já aqui na terra numa dimensão escatológica: "Na *Liturgia das Horas* proclamamos essa fé, expressamos e alimentamos essa esperança e, em certo sentido, já participamos daquela alegria do *louvor perene* e do dia que não conhece ocaso" (IGLH, 16). Portanto, a celebração do Ofício Divino com canto é a forma mais condizente com a natureza dessa oração.

As declarações do Concílio Vaticano II a respeito do canto litúrgico valem também, de modo particular, para a *Liturgia das Horas*. Todas e cada uma de suas partes foram reformadas e a maioria de seus elementos constitutivos tem caráter lírico: se não são cantados, não conseguem traduzir plenamente seu sentido. Isso se aplica de modo particular aos salmos, cânticos, responsórios e hinos.

O canto na celebração da *Liturgia das Horas* deverá ser considerado não um mero adorno, extrínseco à oração, mas sim algo que irrompe das profundezas da alma de quem reza e louva ao Senhor, ao mesmo tempo que manifesta de forma plena o caráter comunitário do culto.

As horas mais importantes dessa oração pública de louvor do Povo de Deus são as *Laudes* (louvor da manhã que lembra a Ressurreição do Senhor) e as *Vésperas* (ação de graças da tarde, geralmente, ao cair do dia, que lembra seu Sacrifício Redentor). São consideradas os dois pilares do Ofício Divino e, por isso, deveriam ser cantadas. As outras horas são chamadas de menores (*Terça*, *Sexta* e *Noa*) e podem ser agrupadas em uma única hora (*Hora Média*). As *Completas* têm esse nome porque encerram o dia litúrgico. O *Ofício das Leituras* pode ser rezado a qualquer hora do dia.

Os hinos, com autêntico valor doutrinal e artístico, deverão ser sempre cantados, sobretudo quando se recita a *Liturgia das Horas* em comunidade. Devem ser condizentes com a hora celebrada (por exemplo, sendo Ofício de *Laudes*, devem evocar o tema da manhã, da luz, do sol, do dia que nasce). A nova *Liturgia das Horas* já coloca todos eles em seu devido lugar, mas se houver necessidade de variar, sobretudo pela longevidade do Tempo Comum, deve-se ter o cuidado de escolhê-los conforme a hora litúrgica, o tempo e o dia celebrados. As *Vésperas* retratam o tema do sol que se esconde, mas que continua a brilhar, mesmo na noite, por ser o próprio Jesus Cristo, Sol nascente que nos veio visitar (cf. Lc 1,78). As *Horas Menores* trazem os seguintes temas: *Terça* (lembra a hora da descida do Espírito Santo em Pentecostes), *Sexta* (a hora em que Jesus foi crucificado), *Noa* (a hora em que Jesus morreu na cruz). Quando essas horas são condensadas em uma única e rezadas ao meio-dia, deve-se sempre evocar o trabalho, o dia pleno, pedindo ao Senhor forças para continuar as labutas diárias. Muito bela e bem-feita é a letra do hino para a Hora Média, de autoria de Ir. Fortunata Miranda, osb, da Congregação das Beneditinas Missionárias de Tutzing:

Dia pleno brilha o sol
Homens lutam pra viver,
Buscam água, querem pão
Vestimenta e bem-querer.
Dai-nos força, ó Senhor,
E a luz para enxergar,
Onde é que nós podemos
Ao que sofre ajudar.
Glória seja dada ao Pai
E ao Espírito de amor,
Glória seja a Jesus Cristo
Nosso irmão e Salvador. Amém.

As *Completas* têm como tema a confiança no Senhor. Entregamonos em suas mãos para que ele nos guarde e nos proteja, dê-nos uma noite tranqüila para podermos louvá-lo, novamente, quando nascer de novo o dia.

Nos tempos fortes como o Advento, Natal, Quaresma, Páscoa e nas solenidades e festas, a *Liturgia das Horas* já traz os hinos apropriados em seus devidos lugares. Algumas memórias têm hinos próprios, compostos conforme a vida e obra do santo celebrado. Como exemplo, há o hino, cuja letra é de nossa autoria, para a memória da Beata brasileira Lindalva Justo de Oliveira, virgem e mártir, Filha da Caridade que foi cruelmente assassinada com quarenta e quatro golpes de faca por um interno no Instituto-abrigo D. Pedro II, em São Salvador da Bahia, enquanto exercia o serviço de caridade, servindo o café da manhã dos velhinhos, na Sexta-feira da Paixão (9 de abril de 1993). Eis o hino, que poderá ser cantado tanto nas Laudes como nas Vésperas, pois quanto à hora, o mesmo apresenta tema genérico. A letra destaca os grandes momentos de sua vida e os escritos da Beata Lindalva:

1. Cantemos com alegria este dia de vitória
Em que uma Virgem e Mártir sobe aos céus,
Entoando louvores com cantos de glória
A Deus que coroou Lindalva com troféus!

REFRÃO: *Linda alva* do Senhor agora alvejada
Pelo rubro sangue em doação de sacrifício,
Com os *justos* de todos os tempos coroada
De Oliveira ornada qual coroa de martírio.

2. Cristo espera seu serviço de amor e doação,
Ele está presente na pessoa do pobre,
Como o Sol que ilumina e aquece o coração
Ensinou Lindalva esse gesto tão nobre.

3. "Fazer a vontade de Deus seja o nosso primeiro amor",
Pois no seguimento de Cristo até a Cruz
Quero transbordar de alegria com grande ardor
E com ele ressuscitar para a vida da eterna luz.

4. Hoje participas da dupla conquista:
Qual lírio virginal que exala agora,
O incenso mais sublime que sobe ao altar da glória,
E recebes pelo martírio a palma da vitória.

5. No Monte das Oliveiras Cristo iniciou sua Paixão,
Junto aos pobres teu traidor te alvejou,
Derramando o teu sangue Sexta-feira da Paixão,
Canta agora a tua feliz ressurreição.

6. A Virgem e Mártir, Lindalva, sempre cantava:
"Deus é bom para mim, contente estou",
Qual um anjo, cantos celestes já na terra entoava,
Ao sublime Redentor que a desposou.

7. As almas dos justos estão nas mãos do Senhor,
O tormento da morte não há mais de tocá-las;
Contigo tuas irmãs, Filhas da Caridade:
No serviço cantem a Deus o perfeito louvor.

Linda Alva do Senhor

Marcos Tadeu Coelho da Cunha / Pe. Bruno Carneiro Lira, OSB
Copyright © 2007 by Marcos Tadeu

mm=84 (marcial)

O hino explicita o ideal da virgindade consagrada e o do martírio, apresentando essas duas grandes vitórias por amor a Cristo. Faz ainda menção às circunstâncias de sua morte: na Sexta-feira da Paixão do Senhor pelas mãos daquele a quem tanto servia com caridade, do mesmo modo como Jesus foi traído no Monte das Oliveiras. Traz também trechos de sua autoria: "Fazer a vontade de Deus seja o nosso primeiro amor"; "Deus é bom para mim, contente estou".

O refrão, aproveitando seu nome, evoca o tema apocalíptico das vestes alvejadas no Sangue do Cordeiro (*Linda alva*), os *justos* que estão nas mãos de Deus e o *de Oliveira*, aludindo ao monte onde Jesus foi traído. Faz referência também a sua congregação religiosa, Filhas da Caridade de São Vicente de Paulo, juntamente com suas irmãs religiosas.

Assim como no *Missal*, na *Liturgia das Horas*, encontramos os formulários comuns, que deverão ser usados quando não há um hino próprio para determinada memória. Sempre atentando na vida e obras do santo celebrado, ou seja, mártir (dentro e fora do Tempo Pascal), virgem, virgem e mártir, pastor, doutor da Igreja, santo em geral.

A recente publicação organizada por Frei Joaquim Fonseca e outros (2007), intitulada *Liturgia das Horas: música,* é uma preciosidade para aqueles que desejam santificar os vários momentos do dia, sobretudo com a oração das Laudes (da manhã) e das Vésperas (da tarde). Propõe, também, as Completas (oração da noite), que conclui o dia litúrgico. As notas introdutórias desse compêndio apresentam os modos para o canto gregoriano, como também as fórmulas salmódicas do tipo gregoriano do padre francês Gelineau, publicadas em Paris no ano de 1960. Em seguida, o compêndio apresenta:

- os versículos introdutórios à *Liturgia das Horas*;
- os salmos invitatórios (de convite) com suas referidas antífonas;
- os cânticos evangélicos para os domingos do Tempo Comum A, B e C;
- as fórmulas de antífonas para os cânticos evangélicos do *Magnificat* (canto da Virgem Maria recitado nas Vésperas) e do *Benedictus* (canto de Zacarias recitado nas Laudes);
- fórmulas melódicas para orações, bênçãos e despedidas;
- e o Próprio dos Santos e as solenidades do Senhor no Tempo Comum.

Esse volume da *Liturgia das Horas* todo musicado está dividido conforme os tempos próprios do Ano Litúrgico, com os hinos, as antífonas, os salmos, os cânticos evangélicos do Antigo e do Novo Testamento e os responsos breves. O saltério apresenta-se dividido, como de costume, em quatro semanas. Nas Completas encontramos as antífonas próprias de Nossa Senhora para os vários tempos litúrgicos.

Essas partituras para o canto da *Liturgia das Horas*, além de enriquecerem a Igreja no Brasil, constituem um instrumento de fácil acesso não só para as comunidades religiosas, os sacerdotes, mas também para todo o Povo de Deus que deseja *cantar* a oração oficial da Igreja, juntando sua voz à daqueles que fazem a liturgia do céu.

c) A importância do canto gregoriano

O canto gregoriano é um tipo de música vocal monódica (só uma melodia). Em sua concepção original, foi feito para não ser acompanhado por instrumentos musicais. Nos dias atuais poderá haver o acompanhamento do órgão, instrumento musical oficial do rito romano. Suas características são herdadas dos salmos judaicos, assim como dos modos (ou escalas, mais modernamente) gregos, que no século VI foram selecionados e adaptados por São Gregório Magno para serem utilizados nas celebrações religiosas da Igreja Católica. O verdadeiro trabalho desse Papa consistiu em organizar o culto das Igrejas de Roma, estabelecendo escolas e coros para o canto.

Até o surgimento do canto polifônico (harmonia obtida com mais de uma linha melódica), apenas esse tipo musical podia ser utilizado na liturgia. Desde o início a razão de ser do canto gregoriano estava ligada ao texto, que, na maioria das vezes, é bíblico ou composto por autores consagrados pela tradição. O texto, portanto, tem primazia sobre a melodia. Por isso, ao interpretar o canto gregoriano, o cantor deverá estar consciente de seu significado. E essa é a grande importância desse canto, cujo objetivo é, acima de tudo, elevar nossos espíritos a Deus através do próprio texto bíblico.

Esse tipo de canto nos foi transmitido por meio de um grande número de manuscritos espalhados por toda a Europa. A própria tradição da Igreja contribui para a conservação ininterrupta dessas antigas e veneráveis melodias em seu culto, assim como os testemunhos documentais.

Hoje, temos o *Gradual Romano*, onde encontramos o Próprio das Missas. Suas peças principais são o intróito (antífona de entrada) e o gradual (salmo com estribilho). A princípio a assembléia respondia com uma fórmula singela ao canto do solista que entoava os versículos do salmo. Como o cantor subia degraus do ambão a cada versículo, o canto recebeu o nome de "gradual". No compêndio encontramos o Próprio e o Ordinário das Missas. O *Aleluia* é a tradução literal da palavra hebraica, que significa "louvai ao Senhor". Originalmente só era cantado na Missa de Páscoa e durante o Tempo Pascal, mas logo começou a ser cantado em outros tempos litúrgicos e também nos dias da semana, exceto no Tempo da Quaresma. O canto da apresentação das ofertas sempre foi, como hoje, um acompanhamento funcional das cerimônias de apresentação das oferendas. Igualmente o canto de comunhão, que deve acompanhar a procissão dos que vão comungar; o tema desse canto está quase sempre relacionado com o Mistério Eucarístico.

Podemos citar como exemplo de textos do *Gradual* o belo intróito da Missa da Noite de Natal: *Dominus dixit ad me, Filius meus est tu, ego, hodie genui te* ("O Senhor me disse: 'Tu és meu Filho, hoje eu te gerei'" [Salmo 2]). Destacamos também o da Missa do Dia: *Puer natus est nobis* ("Um Menino nasceu para nós").

Ao lado do canto do Próprio encontra-se o Ordinário ou Partes Fixas da Missa, que fica no final do *Graduale* ou em separado num compêndio chamado *Kyriale*. Nele encontramos uma variedade de Missas contendo o *Kyrie*, o *Glória*, o *Sanctus* e o *Agnus Dei* (*Cordeiro de Deus*), provenientes de vários séculos distintos.

Para a *Liturgia das Horas*, atualmente se tem o *Antiphonale* com as antífonas, responsórios e hinos para cada tempo ou dia litúrgico, incluindo o *Santoral*. Por exemplo, o hino das Vésperas de Pentecostes: *Veni Creator Spiritus* ("Vem Espírito Criador"), ou ainda o das Vésperas de Natal: *Christe Redemptor omnium* ("Cristo de todos Redentor") e o das Laudes do Domingo da Ressurreição: *Aurora lucis rutilat* ("A luz da aurora já brilhou"). Citaremos um responso muito conhecido, o das Segundas Vésperas do Natal: *Verbum caro factus est et habitavit nobis* ("O Verbo se fez carne e habitou entre nós").

O Santo Padre Bento XVI[4] exorta-nos a cantar, pelo menos algumas vezes, o canto gregoriano e a motivar os fiéis a aprenderem esses textos latinos e seu significado. Os pastores, para serem fiéis à exortação do Papa, poderiam motivar sua comunidade paroquial a estudar, entender e entoar esse tipo de canto oficial de nossa Igreja, tendo por base sua universalidade e unidade, já que é compreensível e querido pela Igreja Católica do mundo inteiro. Mas isso exige o cuidado de providenciar, para as celebrações com canto gregoriano, folhas de canto ou mesmo um pequeno manual contendo as melodias escolhidas para todos os tempos litúrgicos, sobretudo os mais fortes, a fim de que toda a comunidade celebre conscientemente e com piedade. É aconselhável que essas folhas ou manuais contenham também a tradução em língua vernácula.

---

[4] Cf. Exortação Apostólica Pós-Sinodal *Sacramentum Caritatis*. São Paulo, Paulinas, 2007. n. 62.

Considerações finais

"Cantai ao Senhor um cântico novo, porque ele fez maravilhas" (Sl 97[98],1). Chegando ao termo de nossas reflexões sobre a celebração do mistério de Cristo no Ano Litúrgico, brota de nossos lábios esse louvor como um canto pascal para aquele que é o Cordeiro Imolado, vitorioso por sua Ressurreição, e que é o nosso eterno Mediador junto ao Pai.

Tendo rezado e refletido sobre cada detalhe do Ano Litúrgico e sobre o modo de tornar sua dinâmica compreensível para todos (não só para clérigos, religiosos e seminaristas, mas também para nosso povo em geral que participa das assembléias litúrgicas), nosso desejo é que esta obra *se torne um manual prático para todo o Povo de Deus* que tem sede de aprender e preparar bem as celebrações litúrgicas conforme nos ensina a Santa Igreja Católica. Se nossas paróquias e capelas estudarem e, conseqüentemente, entenderem nossa obra, já nos damos por satisfeitos, pois foi esse o objetivo primordial que nos levou a escrevê-la. Isso não impede, porém, que este livro seja usado como subsídio nos estudos de seminário para aqueles que desejam receber as sagradas ordens.

Com este livro, pensamos ter contribuído para a vida espiritual e litúrgica da Igreja no Brasil, sobretudo das pessoas mais simples. Daí nossa preocupação, ao longo de todo o texto, em explicar e traduzir o significado de cada ação litúrgica.

Nossa exposição talvez se tenha mostrado um tanto legalista e rubricista, mas o próprio Papa Bento XVI assevera que devemos ser humildes no cumprimento às normas do rito: "Por isso, é necessário que os sacerdotes tenham consciência de que, em todo o seu ministério, nunca devem colocar em primeiro plano sua pessoa *nem suas opiniões* (grifo nosso), mas Jesus Cristo. Contradiz a identidade sacerdotal toda tentativa de se colocarem como protagonistas da ação litúrgica. Aqui, mais do que nunca, o sacerdote é servo e deve continuamente se empenhar por ser sinal que, como dócil instrumento nas mãos de Cristo, aponta para ele. Isso se exprime de modo particular na humildade com que o sacerdote conduz a ação litúrgica, *obedecendo ao rito, aderindo ao mesmo com o coração e a mente, evitando tudo o que possa dar a sensação de um seu inoportuno protagonismo* (grifo nosso). Recomendo, pois, ao clero que não cesse de aprofundar a consciência de seu ministério eucarístico como serviço humilde a Cristo e à sua Igreja".[5]

Se o Papa recomenda dessa maneira ao clero, é porque todos os fiéis de boa vontade devem obedecer, na humildade, à norma do rito para que, sendo bem celebrado, mostre toda a sua beleza e resplendor, revelando a glória da cabeça que se reflete por todos os seus membros, a Igreja. Desse modo, garantem-se a universalidade e a catolicidade eclesial.

Hoje, 4º Domingo da Páscoa do ano de 2007, dia do Bom Pastor, em que a Sagrada Liturgia canta na antífona do *Magnificat* das Primeiras Vésperas da *Liturgia das Horas*: "Minhas ovelhas reconhecem a minha voz, e eu, o Senhor e Bom Pastor, as reconheço", concluímos essas nossas reflexões também com o espírito de pastor, pois nossa preocupação original era de que todas as ovelhas do Senhor escutassem, cada vez mais, sua voz, vivenciando uma autêntica celebração litúrgica, evitando os subjetivismos que só empobrecem a unidade do rito e da Igreja.

---

[5] Exortação Apostólica Pós-Sinodal *Sacramentum Caritatis*. São Paulo, Paulinas, 2007. n. 23.

Referências bibliográficas

ADAM, Adolf. *O Ano Litúrgico*. São Paulo, Paulinas, 1982.

AUGÉ, Matias. *Liturgia*; história, celebração, teologia, espiritualidade. São Paulo, AM Edição, 1996.

BECKAUSER, Fr. Alberto. *Celebrar a vida cristã*. Petrópolis (RJ), Vozes, 1986.

_____. *Símbolos litúrgicos*. Petrópolis (RJ), Vozes, 1996.

BENTO XVI. Exortação Apostólica Pós-Sinodal *Sacramentum Caritatis*. São Paulo, Paulinas, 2007.

BERGAMINI, Augusto. *Cristo festa da Igreja*; o Ano Litúrgico. São Paulo, Paulinas, 1994.

CAMPOS, Pe. José F. *Liturgia, serviço do povo de Deus e para o povo de Deus*. São Paulo, Paulinas, 1987.

CNBB. *A Sagrada Liturgia*; 40 anos depois. São Paulo, Paulus, 2003. (Estudos, n. 87).

_____. *Hinário Litúrgico*; Advento, Natal, Ordinário da Missa. 1º fascículo – 6. ed. São Paulo, Paulus, 2006.

_____. *Hinário Litúrgico*; Quaresma, Semana Santa, Páscoa, Pentecostes. 2º fascículo – 7. ed. rev. e ampl. São Paulo, Paulus, 2006.

_____. *Hinário Litúrgico*; domingos do Tempo Comum A, B e C. 3º fascículo – 6. ed. São Paulo, Paulus, 2005.

FIORI, D. Carlo. *A liturgia do povo de Deus*. Rio de Janeiro, Marquês Saraiva, 1966.

FONSECA, Fr. Joaquim et al. *Liturgia das Horas*; música. São Paulo, Paulus, 2007.

JOÃO PAULO II. *A Virgem Maria*; 58 catequeses do Papa sobre Nossa Senhora. 3. ed. Lorena (SP), Cléofas, 2003.

LOYOLA, Mons. Sabino. *Dicionário de Liturgia*. Fortaleza, Sabino Loyola, 1994.

PAULO VI. Constituição Apostólica *Laudis Canticum*. In: *Liturgia das Horas*. São Paulo, Paulinas, s.d.

Pio XII. Carta Encíclica *Mediator Dei*. Disponível em: <http//www.vatican.va/holy_father/pius_XII/encyclicals/documents>. Acesso em: 25.4.07.

Silva, Fr. José A. *O domingo*; Páscoa semanal dos cristãos. São Paulo, Paulus, 1998.

Sumário

Apresentação..9

Introdução 11

1. A liturgia..17
  a) Fatores de evolução da liturgia..............................21
    A lei do desenvolvimento da Igreja 21
    A influência de Igreja para Igreja.......................21
    As influências externas 22
  b) O tempo cósmico 22
  c) A influência das festas judaicas..............................24

2. O Ano Litúrgico no rito latino-romano 29
  a) O ciclo do Natal..35
  b) O ciclo da Páscoa 41
    O Tríduo Pascal...43
      A memória mística...43
      A memória histórica.......................................44
      A memória escatológica.................................48
  c) O Tempo Comum 55
    As solenidades do Senhor no Tempo Comum........58
    A Solenidade da Santíssima Trindade.................59
    A Solenidade do Corpo e Sangue de Cristo (*Corpus Christi*)..60
    A Solenidade do Sagrado Coração de Jesus 62
    A Solenidade de Nosso Senhor Jesus Cristo,
    Rei do Universo 63
  d) O *Santoral* 64

3. O canto nas celebrações litúrgicas 71

   a) O canto na Celebração Eucarística............................73

      O *Hinário Litúrgico* da CNBB 76

      Algumas orientações da CNBB..............................77

   b) Os hinos na *Liturgia das Horas* 78

   c) A importância do canto gregoriano 86

Considerações finais...89

Referências bibliográficas...91

CADASTRE-SE

www.paulinas.org.br

para receber informações sobre nossas novidades na sua área de interesse:

• Adolescentes e Jovens • Bíblia
• Biografias • Catequese
• Ciências da religião • Comunicação
• Espiritualidade • Educação • Ética
• Família • História da Igreja e Liturgia
• Mariologia • Mensagens • Psicologia
• Recursos Pedagógicos • Sociologia e Teologia.

Telemarketing **0800 7010081**

Impresso na gráfica da
Pia Sociedade Filhas de São Paulo
Via Raposo Tavares, km 19,145
05577-300 - São Paulo, SP - Brasil - 2017